# 成功辩护

## ——一位学者型律师辩护的道与术

周金刚◎著

中国政法大学出版社

2023·北京

图书在版编目（CIP）数据

成功辩护：一位学者型律师辩护的道与术/周金刚著. —北京：中国政法大学出版社，2023.2
ISBN 978-7-5764-0830-0

Ⅰ.①成…　Ⅱ.①周…　Ⅲ.①刑事诉讼—辩护—中国—文集
Ⅳ.①D925.210.4-53

中国版本图书馆 CIP 数据核字(2023)第 016312 号

---

出 版 者　中国政法大学出版社
地　　址　北京市海淀区西土城路 25 号
邮寄地址　北京 100088 信箱 8034 分箱　邮编 100088
网　　址　http://www.cuplpress.com (网络实名：中国政法大学出版社)
电　　话　010-58908586(编辑部) 58908334(邮购部)
编辑邮箱　zhengfadch@126.com
承　　印　北京鑫海金澳胶印有限公司
开　　本　880mm×1230mm　1/32
印　　张　8.5
字　　数　220 千字
版　　次　2023 年 2 月第 1 版
印　　次　2023 年 2 月第 1 次印刷
定　　价　49.00 元

# 律师成功辩护之路

围绕犯罪与刑罚而展开的刑事司法，由于涉及公民生命、自由和财产等基本权利的剥夺或限制，因此，规范刑事司法权力运行的刑事诉讼法被称为“小宪法”。弄清犯罪事实真相是公正分配刑罚的前提！在以惩罚为目的的报应性司法模式下，坦白真相由于必然会受到严厉惩罚，因此犯罪分子会在趋利避害的本性支配下，千方百计地掩盖真相以逃避惩罚。于是，职权主义和当事人主义成了现代刑事诉讼查明真相并公正分配刑罚的两种主要模式。相对于职权主义模式，当事人主义由于不仅更利于揭示真相、保障人权，而且更利于双方当事人接受由自己参与产生的判决结果，成了世界上大多数国家的刑事诉讼模式。我国刑事诉讼法经过三次修正，也由当初的职权主义模式转向现在的具有当事人主义特征的模式。从一定意义上讲，建立以审判为中心的刑事诉讼制度，就是为了更好地保障这种具有当事人主义特征的诉讼模式的落地。

当事人主义诉讼模式，强调控辩双方平等对抗和法官居中裁判的三方组合结构，进一步彰显了庭审中控辩审三方由正、反而后合的审判逻辑关系。随着刑事诉讼模式的转变，律师辩护不仅对于公正裁判不可或缺，而且在让人民群众从每一个个案中感受司法公正的作用越来越重要。正因如此，2017 年最高人民法院、司法部联合印发了《关于开展刑事案件律师辩护全覆盖试点工作的办法》。2019 年又在总结试点经验的基础上，最高人民法院、司法部决定将试点期限延长，工作范围扩大到全国 31 个省（自治区、直辖市）和新疆生产建设兵团。刑事辩护全覆盖试点作为落实依法治国的重要举措，彰显了我国社会主义法治文明和进步，也助推了我国律师队伍的快速增长。自 1979 年恢复律师制度以来的 40 多年里，我国律师人数前 30 年年均增长仅为 0.5 万人，而自 2018 年开始则进入了律师人数年均增长 5 万人的时代。随着新鲜血液的不断注入，律师队伍正焕发出勃勃生机和旺盛活力。

刑事辩护被认为是法律王冠上最闪亮的一颗明珠，也被视为法律行业中最为复杂的一门技艺！刑事辩护市场需求的扩大，特别是刑事辩护环境的持续改善，吸引着越来越多的法律专业毕业生选择律师这一职业。我从事刑事诉讼法教育 20 多年，前 15 年因少有学生毕业直接选择律师职业，所以无论是研究还是教学，刑事辩护的学问也就不怎么关注。近五六年，随着越来越多的毕业生直接选择进入律师队伍，一部分在体制内工作多年的同学也"跳槽"从事刑事辩护，刑事辩护这门学问渐渐由"冷"变"热"，甚至成了"显学"。正是为了适应培养法律人才，促进司法公正，推进依法治国的需要，南京大学犯罪预防与控制研究所与江苏瑞格律师事务所、北京天驰君泰（南京）律师事务所合作成立了"南京大学犯罪预防与控制研究所刑事辩护研究中心"，并开始打造"刑辩经纬论坛""刑辩经纬讲坛"和"刑辩经纬论丛"三大平台，期望通过教学科研机构与律师事务所的合作，促进刑事辩护研究、辩护人才培养和辩护技艺的创新与传承。

刑事辩护研究中心自 2018 年成立以来，围绕"刑事有效辩护”“刑事辩护预期管理”“刑民交叉中的企业（家）刑事法律风险防控”“单位依法自治暨企业合规风险管理”“刑事辩护中的心理学应用”，先后举办了六届刑辩经纬论坛，既取得了一系列的理论成果，又培养了刑事辩护人才，还产生了良好的社会反响。在总结刑辩经纬论坛成功经验的基础上，刑事辩护研究中心又在2022年推出了“刑辩经纬讲坛”，并首先聚焦“企业合规管理”这一热点课题，为律师和企业家举办了“企业合规——律师法律服务新发展”“新时期合规业务的挑战和机遇——以跨国公司合规实践经验为视角”等系列讲座，以推动国家法治之单位（群体）依法自治。刑事辩护研究中心在重视“论坛”“讲坛”这种专题性的面对面的口头交流的同时，积极鼓励学者、律师和学生通过“著书立说”，系统而又深入研究刑事辩护理论与实务。

《成功辩护——一位学者型律师辩护的道与术》作为刑辩经纬论丛的第一本专著，由江苏瑞格律师事务所周金刚主任独著，内容涉及与律师辩护相关的四个方面：一是体现作者法律修养和法律信仰的法学理论思考；二是反映作者以事实为根据、以法律为准绳的辩护实践；三是呈现作者以法律思维，实现成功辩护的典型案例；四是展现作者对律师法律服务的前瞻性思考和探索。著作具体由51篇文章构成，既有针对社会热点的法律思考，也有针对学术争议的学理分析；既有阅读名著的深思所悟，也有适用法律的法理辨析；既有成功辩护的案例分析，也有成功辩护的经验分享；既有对传统律师服务的总结，也有对新型法律服务的探索。文章形成于作者攻读博士学位、从事法官裁判和律师辩护的不同时期，却较为完整地反映了一名学者型律师的成长，并走向成功的历程。阅读全书，你既能清楚地知道一名成功律师所需要具备的法律修养、理论功底、实践经验和社会责任，又能深深地体会到成功辩护所需要的法治信仰、法治思维、辩护技巧和敬业精神，还能从中感悟到律师走向成功需要具备自我学习成长的能力，养成谨于学习、敏于观察、善于思考的良好习惯。

著作聚焦刑事辩护热点、难点、疑点，突出刑事辩护理据（事实、法律与法理）、思维和技巧，重视析案说法、释法说理、传经献技，追求辩护政治效果、法律效果和社会效果的统一。全书语言朴实而不失法律的严谨，文章短小却能引人思考。阅读本书，研究人员能够看到经过理性分析的辩护实务，司法人员能够看到辩护律师眼中的事实和法律，同行律师能够看到成功律师的法律修养、法治思维和辩护能力，社会公众则能够看到新时代律师的信仰、专业、能力与担当。

律师是自由职业，却是维护公平正义的重要力量；他们为委托人提供有偿服务，却要依据事实和法律协调好个人、社会和国家利益关系；他们是法律共同体的成员，却要与同为法律人的检察官“对抗”或“合作”，他们通过维护委托人的合法权益以维护公正，却常被一些人误解为“为坏人说话”……律师成功辩护之路是艰辛而又曲折的，也正是律师行路之艰、成功不易，才彰显着律师职业的价值！

南京大学犯罪预防与控制研究所刑事辩护研究中心是理论与实践沟通的桥梁，是法律人交流的平台，更是律师迈向成功辩护的垫脚石。

狄小华

南京大学犯罪预防与控制研究所所长兼刑事辩护研究中心主任

2022年10月2日于长阳寓所

# 目录 contents

## ◇ 理论篇 ◇


**一、辩护之基础：法律修养** …………………………………… / 003

“生来”犯罪人 …………………………………… / 003

罪的本质是一种“态度” …………………………………… / 005

四桩“当场晕倒”的奇案 …………………………………… / 007

半费之诉的“时空陷阱” …………………………………… / 010

“三季人”与法律 …………………………………… / 013

徒刑是怎么算出来的 …………………………………… / 015

寻找有温度的判决 …………………………………… / 018

没有打不赢的官司 …………………………………… / 021

**二、辩护之动力：法律信仰** …………………………………… / 025

“法自然”与“自然法” …………………………………… / 025

法理与法律，左脑看右脑 …………………………………… / 030

法的国家地位 …………………………………… / 033

“悖论怪圈”与“上位法则” …………………………………… / 035

法律与伦理教养的子孙 …… / 037
女性主义法学 …… / 039
法律的诚信价值 …… / 043
法律模糊与法官信仰 …… / 046
专业律师的优质法律服务 …… / 049

## ◇ 实践篇 ◇

**三、辩护之根据：证据运用** …… / 055
证据+规则=源头活水 …… / 055
行政诉讼第三人证据的优势规则 …… / 057
有效发现证据的途径 …… / 060
打破对方证据链办法 …… / 062
教你快速揭穿伪证 …… / 066
巧用对方证据反击对方主张 …… / 069
**四、辩护之准绳：法律解读** …… / 071
法官与律师关系的制度分析 …… / 071
特赦：赦罪与赦刑 …… / 077
网络红包的法律分析 …… / 079
婚姻财产问题的法律干货 …… / 081
法定坦白情节的司法要素 …… / 084
退休人员对巨额财产来源没有说明义务 …… / 098
剥夺军衔制度解读 …… / 103
能动司法的公信力挑战 …… / 115

贪污案件赃款去向问题研究 …………………………… / 132

## ◇ 经验篇 ◇

**五、辩护之灵魂：法治思维** …………………………… / 147

实现目的的有效辩护 …………………………… / 147

辩护进路与裁判路径之离合 …………………………… / 153

程序性辩护的有效路径 …………………………… / 155

“时间”是个办案高手 …………………………… / 166

办案失误之省思 …………………………… / 169

看透法律关系好办案 …………………………… / 172

法律关系似洋葱，层层盘剥辣出眼泪 …………………………… / 175

辩护人的余项思维 …………………………… / 179

利用地方司法资源妥善处理部队住房遗留问题 …………… / 187

**六、辩护之经典：成功案例** …………………………… / 198

个批复文件，挽回数亿军产 …………………………… / 198

辨识个同音字，揪出个假原告 …………………………… / 201

破解小问题，揭露隐藏大真相 …………………………… / 203

醒酒不到位，被殴警察也有过 …………………………… / 206

巧用实际履行，选择便利法院 …………………………… / 208

铆住合同义务，一函解决难题 …………………………… / 210

刑民交叉，成功辩护八字方针 …………………………… / 212

## ◇ 前瞻篇 ◇

**七、辩护之发展：新型服务** …………………………… / 223

民营企业家高发罪名解析 …………………………… / 223

涉嫌犯罪企业之出罪路径 …………………………… / 237

认罪认罚案中的律师作用 …………………………… / 246

**后　记** …………………………………………… / 257

# 理 论 篇

# 一、辩护之基础：法律修养

## “生来”犯罪人

生来犯罪人（Born Criminal），是犯罪学创始人意大利犯罪学家切萨雷·龙勃罗梭提出来的一个犯罪理论。1870 年 11 月，龙勃罗梭对一名叫维莱拉的江洋大盗的尸体进行了解剖。这名江洋大盗特别凶恶残忍，以至于整个伦巴第都陷入了恐怖之中。龙勃罗梭打开维莱拉的头盖骨，发现他有一个明显凹陷的“中央枕骨窝”和发育得过度肥大的小脑蚓。这两个特征是低等灵长目动物，例如类人猿的特征，这说明维莱拉是那个文明时代出生的野蛮人。

之前，龙勃罗梭还用观相术、颅相学观察、测量、解剖了大量士兵、精神病人和罪犯的尸体，发现善良人与非善良人不仅在长相、性情等方面存在不同，而且在生理结构上也存在明显区别。他对比了 383 名死刑犯的尸体，发现 210 名罪犯的颅骨结构存在异常，且 43%的罪犯具有五种以上的异常特征。因此，他将具有五种以上异常特征的人称为“生来犯罪人”。

龙勃罗梭还归纳了生来犯罪人的六个方面特征，包括身体、感官、感情、道德、心理、智慧。例如，诈骗犯嘴唇薄而直挺；

正常人极少有磁感，但48%的生来犯罪人具有明显的磁感；生来犯罪人极少考虑自己的同胞，但对动物和陌生人却有分喜爱；许多犯罪人并没有认识到自己的罪行是不道德的，他们很少悔恨和自责；他们具有强烈的骄傲自满、夸大自我的心理特征，有着近乎病态的运动性和超常的复仇欲望。

龙勃罗梭认为生来犯罪人是由“隔世遗传”，或称“返祖现象”引起的。这些人生下来就具有原始人或者具有低于一般人类的特征。用现代的术语说，他们生而自带了犯罪基因。龙勃罗梭的“生来犯罪人”理论主要出现在他早期的研究当中。随着对犯罪原因的不断发现，龙勃罗梭提出了激情犯罪人、精神病犯罪人、偶然犯罪人（包括虚假犯罪人、倾向犯罪人、习惯犯罪人和癫痫样犯罪人）学说，但他坚持认为，生来犯罪人所占比例应该占全部犯罪人的33%~40%之间，认为“隔世遗传”仍然是发生犯罪的重要原因。〔1〕

生来犯罪人研究给龙勃罗梭带来了光耀的赞誉，也招致了严厉的批判。法国犯罪学家塔尔德引证罗马对4000名犯罪人的研究成果，认为并不存在可以识别犯罪人的生来特征，不认为犯罪人是野蛮人重现和人类的退化者。保罗·托皮纳德嘲笑龙勃罗梭所谓的“生来犯罪人”都与“龙勃罗梭的朋友长相一样”，具有异常特征。但不论后世如何评价，龙勃罗梭仍被看作是“一个天才，一个不知疲倦的工作者”，他开创了对犯罪人研究的先河，并将实证研究方法引入犯罪学，使犯罪学成为一门科学，今天的犯罪学理论和实践仍深受其影响。

〔1〕［意］切萨雷·龙勃罗梭：《犯罪及其原因和矫治》，吴宗宪等译，中国人民公安大学出版社2009年版。

## 罪的本质是一种“态度”

物理学有一个基本概念，叫“力”，通过这个“力”，我们理解了千变万化的物质世界。同样，刑法学也有一个基本概念，叫“罪”，通过这个“罪”，形形色色的恶有了一个统一的评价尺度，得到了应有的惩罚。那么，什么是“罪”呢？个人认为，罪首先是一种进化结果。在没有法律禁止之前，人的欲望和激情本身并没有罪。就像“醉驾”在写入刑法之前并不是犯罪一样。霍布斯认为，在自然状态中，不存在是与非、公正与不公正的观念，“暴力与欺诈在战争中是两种美德”。霍布斯指出，所有的法律观念和正义观念，都是人为的、社会的。在“罪”的定义出现之前，犯罪行为早已存在，但是人们并不知道以“罪”的名字去称呼它。因此，罪的现象是客观存在，现象的罪却是一个进化的结果。

另外，罪是一种价值判断。什么样的行为可以被认为是有罪的，评价者的立场具有决定作用。例如，同样是杀人行为，当该行为符合评价者的价值追求时，它会被认为没有罪；当该行为与评价者的价值追求相悖时，它就可能会被认为是有罪的。就像刽子手行刑一样，站在宣判者一边，刽子手是在履行正义的判决，他的杀人（处决罪犯）行为当然是正义的；而站在罪犯一边，或从“废除死刑主义”者的角度出发，任何人都没有权力剥夺他人的生命，以任何一个与自己价值观念相悖的意识形态来裁判一个人的死刑都是不正义的，在他们看来，刽子手已然成为他们的帮凶，他的杀人行为显然是犯罪。所以，如何评价一个行为是否有罪，首先要考虑评价的价值依据，即站在一个什么样的价值立场上对行为展开评价。

此外，罪的判断是一种社会态度。在古代社会，甚至近代社会，科技不够发达，人们基本生活在相对封闭的社会环境中，国家和地区间的价值观念相差甚远，特别是中西文化差异更大，对社会关系和道德文化的认识存在不同的判断标准是必然的。东方文化以家国天下为中心，强调礼、义、忠、孝，法律文化以个人服从集体、私利服从公利为核心。西方文化以天赋人权、民主宪政为中心，私有财产神圣不可侵犯，张扬个性，法律文化以个体为中心，集体为个体服务，法律思想围绕着以个人为中心展开。在这种价值思想的影响下，东方强调“心”罪，西方强调“行”罪；东方强调“认”罪，西方强调“证”罪，以致出现美国“辛普森杀妻案”若在东方必判死刑，而在西方却因证据被“污染”而被判无罪的极致案例。

所以，从这个角度来说，罪具有主观性，确实是一点错都没有。所以说，客观的罪只是主观的罪的皮囊，主观的罪才是客观的罪的本身。也正因此，罪与非罪，在旁观者看来，就具有无限的辩证可能了。

## 四桩“当场晕倒”的奇案

### 古希腊“半费之诉”

相传，古希腊智者学派代表普罗塔哥拉与学生爱瓦特尔约定：在爱瓦特尔打赢第一场官司后，再交另一半学费。但爱瓦特尔毕业后一直不去帮人打官司，也就一直未付另一半学费。普罗塔哥拉无奈向法院起诉。

普罗塔哥拉说：“如果法庭判我赢，根据判决，你得给我另一半学费；如果法庭判我输，根据约定，你也应该给我另一半学费。总之，无论是输是赢，你都要付我另一半学费。”

不料“名师出高徒”，爱瓦特尔回答说：“如果法庭判您胜诉，我的第一场官司就输了，根据约定，另一半学费就不付了；如果法庭判我胜诉，根据判决，另一半学费也不需要付了。”

爱瓦特尔的辩护理由与老师的一模一样，但结果却恰恰相反。[1]

法官当场晕倒。

### 唐吉诃德的“桥头绞架”

西班牙塞万提斯的名著《唐吉诃德》记载：一条大河穿过一位伯爵的封地。伯爵在桥头立了一个绞架，声称谁要过桥，先发誓到哪里去、干什么。如果说的是真话，就放他过桥；如果撒谎，就绞死他。

---

〔1〕 王政挺主编：《中外法庭论辩选萃》，东方出版社1990年版，第20页。

一天来了一个人，他发誓说：跑来没有别的事，只求死在绞架上。

这可难倒了这位伯爵。如果放他过桥，那就不能绞死他，但这样他的誓言就是假的，就必须绞死他不放他过桥；如果不放他过桥，绞死他，那他的誓言就成真，就得放他过桥不能绞死他。〔1〕

这位伯爵当场就晕倒了。

### 威尼斯商人的“一磅肉”

莎士比亚的《威尼斯商人》中，安东尼奥为了资助朋友，向放高利贷的夏洛克借了三千元现金，夏洛克不要利息，但约定如果到期不还，夏洛克有权在安东尼奥的胸部割下一磅肉作为处罚。因为夏洛克早就恨死了安东尼奥，也知道他一定还不上，而安东尼奥自信他有“九倍于借款的钱要进账”，过于自信就答应了夏洛克的条件。

谁知“天有不测风云”，“九倍于借款的钱”在海上出事了，夏洛克要求法庭“一定要照约实行”，要割安东尼奥的一磅肉。

法庭上，人们纷纷为可怜的安东尼奥求情，甚至有人愿出三倍的价钱还给夏洛克。但夏洛克丝毫不动心，决心要从安东尼奥身上取下那一磅肉来。

法官鲍西娅无奈承认了夏洛克的控诉，宣布夏洛克可依约取得安东尼奥身上的一磅肉。但是，法官严肃指出：“契约上只写着一磅肉！在割肉的时候，要是多出一点点，或流下一滴血，你的土地财产，按照威尼斯法律，就要全部充公。”〔2〕

---

〔1〕 王政挺主编：《中外法庭论辩选萃》，东方出版社 1990 年版，第 78 页。
〔2〕 王政挺主编：《中外法庭论辩选萃》，东方出版社 1990 年版，第 32 页。

夏洛克当场晕倒。

### 曹知府遇到“曹丞相”

明代初年，有个知府姓曹，自称是曹操后代，并以此为荣。一天，来了个戏班子，演《捉放曹》，这个曹知府也去看了。扮演曹操的赵生，演技高超，把曹操的奸诈、阴险表现得惟妙惟肖。曹知府被气得七窍生烟，立即派人将赵生抓来，怒骂赵生：“大胆刁民，见了本府还不跪下？”

谁知赵生也瞪起双眼，骂道：“大胆知府，既知曹丞相前来，还不下阶前迎！”

曹知府气得脸色铁青：“谁认得你是曹丞相，你不过是唱戏之人。”

赵生听罢，哈哈一笑：“大人既知我是演戏假扮之人，又为何以假当真，抓我治罪呢？”〔1〕

一句话，问得曹知府当场晕倒。

---

〔1〕 王政挺主编：《中外法庭论辩选萃》，东方出版社1990年版，第188页。

## 半费之诉的"时空陷阱"

几千年来，半费之诉的故事（见《四桩"当场晕倒"的奇案》）一直在世界各地流传，甚至被称为"千年悬案"，就像江西龙虎山悬棺之谜一样，至今仍找不到令人信服的答案。果真如此吗？下面就让我们一起来细细分解，看能否发现它的脑洞幽境。

古希腊智者普罗塔哥拉（以下简称"普老师"）与学生爱瓦特尔（以下简称"爱学生"）有一个这样的约定：如果爱学生毕业后第一场官司打赢了，他就要向普老师支付剩下的一半学费。可这个爱学生一直没出去打官司。普老师一生气就自己起诉，与爱学生打了一场半费之诉的官司。普老师认为：如果法庭判他赢，根据判决，爱学生得给他另一半学费；如果法庭判他输，根据约定，爱学生也要给他另一半学费。总之，无论输赢，爱学生都要交另一半学费。而爱学生作为"高徒"，当然不示弱。他认为：如果法庭判老师赢，他的第一场官司就输了，另一半学费就不用付了；如果法庭判老师输，根据判决，另一半学费也不用付了。总之，无论输赢，爱学生认为他都不用交另一半学费。

这个官司后世人想了很多办法，都没有很好地解决。有人认为，爱学生在偷换概念，契约中的第一次官司，不应当包括交学费这个"官司"，就像"一切都可怀疑"这句话不能包括"一切都可怀疑"本身一样。有人认为应当统一前提。半费之诉的直接原因是双方在胜诉或败诉上所执行的标准不统一。普老师胜诉是以判决为准，败诉是以契约为准；爱学生胜诉是以契约为准，败诉则是以判决为准。

事实证明，以有争议的假定来解决悬案，都难以令人信服。解决问题必须从问题本身出发。普老师与爱学生的约定，实际上建立了这样一个逻辑规则，即第一次官司是另一半学费的必要充分条件。赢了，就付；输了，就免。因此，在第一次官司与另一半学费之间建立了一个时空顺序：打完官司，再谈学费。这个时空顺序不能颠倒，不能是先谈学费，再打官司；这个时空顺序也不能并列，不能打官的司同时要学费。理清这一逻辑规则后，半费之诉就迎刃而解了。

普老师以师徒契约向法庭起诉，法庭根据当时的习惯和强行法，先审查这个契约是否合法有效。如果这份契约并不违反契约精神，法庭应当确认，爱学生必须在第一次官司打赢后给普老师另一半学费；反之，爱学生可以拒付另一半学费。注意，法官在这里只是对契约的合法性及内容进行了确认，并未判决这个官司本身的输赢。因为，在这个官司没有结论之前，爱学生的第一个官司是输是赢并不知道。也就是说，“这个官司的输赢”是以“这个官司的输赢”本身为前提。这就是半费之诉的时空陷阱，就像牛顿所说，谁也无法把自己从地球上举起来。

那么，如何解决这个时空陷阱呢？智慧的人们早已发明了一个强制规则，为这个看似无法解决的悬案，准备好了一个权威的解决手段：证据规则。我们知道，“谁主张，谁举证”，是证据规则的基本内容。证明责任在谁，谁就要承担举证不利的诉讼后果。显然，在这个案件中，举证责任在普老师这边，而他当然无法在法庭判决之前证明这场官司是输是赢，即爱学生的第一次官司是输还是赢的结果无法证明。因此，第一个官司普老师将无奈败诉。

然而，爱学生千万不能因为普老师败诉而沾沾自喜。因为，普老师败诉恰恰是爱学生必须给付另一半学费的前提。这就是这个案件的第二个时空陷阱（严格来讲是第一个官司结束后的第二次学费之争，因为第一场官司确认的是普老师在判决之前有没有权利要求爱学生支付另一半学费）。当普老师败诉后，他就有证据证明爱学生赢得了第一场官司。这样，时空就发生了转换，走到了第一个官司结束之后。在这里，情形和证据都发生了变化，而第一个判决确认的那个关于学费交付办法的契约仍然有效。因而，在第二个时空陷阱中，第一个时空逻辑关系仍然存在，即打赢官司与给付学费之间的逻辑规则仍然有效。因此，爱学生在打赢第一个官司之后，还要向普老师给付另一半学费。这是在两个不同时空中的两个结论，二者并不矛盾。所以我们常常发现，一些官司，赢了面子，却输了里子。而这一切的假象，少不了时空的影子。

# “三季人”与法律

一天，孔子的弟子在院子里扫地，门口出现了一个穿绿衣服的年轻人。问道：“您是孔老先生的弟子吗？”弟子一看，这家伙还不知道我是孔子的弟子，有点愠怒，抬头看了看树上的叶子，没好气地回答道：“我就是啊。”“那您一定懂得很多知识喽。”孔子的弟子听了，心里有点美起来了，搓了搓手中的扫把棍，假装害羞地说：“不多，不多，应该懂一些吧。”绿衣人说：“那我问你，一年有几个季节呀？”弟子一听这个话，又好气，又好笑，不屑地答道：“一年有四季，谁都知道啦。”绿衣人不高兴地说：“不对，只有三季。”“你才不对，是四季。”弟子底气十足，当然不甘示弱。于是两人争执不下。

绿衣人说：“如果一年真有四季，我给你磕上三个响头；如果不对，你给我磕，怎么样？”

孔子的弟子认为胜券在握，当然愿意。

恰巧，孔子从门里出来，上下打量了一下绿衣人，对弟子说：“你给他磕头吧，一年确实只有三季。”

弟子一下就傻了，只好给绿衣人磕了三个响头。

孔子笑着说：“你没看那人一身绿衣，原来是蚱蜢变的吗？蚱蜢春生秋死，一生只经三季，从没见过冬天。你和他讲人的道理，怎么可能说得通呢？”

弟子闻听此言，恍然大悟。

“三季人”的故事，我经常喜欢讲给学法律的人听。一个案件，法律规定是一季，当事人主张是一季，法官判决又是一季，除此之外，没有第四季。有人说不对，法官上面有个领导，他不能脏判（南京方言，意思是“法官也要受监督的”）。

处理问题就怕遇到这种较真的人。他咬死一个理，别人都是错，只有他一个人是对。秋菊坚持要为她的男人讨个说法，认的就是这个理。但打官司哪能都遇到孔子，何况孔子也不和“三季人”谈四季。

“三季人”的故事，很多人听了都笑：蚱蜢就是蚱蜢。可学法律的人心里在哭，蚱蜢真的是蚱蜢，一年真的不是三季。

唉，不好好冬眠，你怎么对得起蚱蜢。

# 徒刑是怎么算出来的

据统计，我国《刑法》[1]共有481个罪名，每个罪名都规定有具体的徒刑。另，据《中华人民共和国最高人民法院公报》，2021年全国共判处约120万名一审罪犯，也就是说，这120万名罪犯都依据《刑法》得到了应有的惩罚。那么，这些徒刑是怎么算出来的呢？

抛开令人痛恨的犯罪和罪犯之外，这是一个很有趣的问题。比如小偷偷了1万元钱，法官就判他1年徒刑；如果他偷了5万元钱，法官就判他3年徒刑；如果他偷了20万元就判他7年徒刑。细心的人会发现，偷得越多，好像处理得反而越轻。贪污犯罪也是这样，贪污20万元以下要被判处3年以下徒刑，基本是6万元等于1年徒刑；贪污200万元以下要被判处3年到10年徒刑，基本是40万元等于1年徒刑；贪污200万元至5000万元就要被判处10年至15年徒刑，基本是960万元等于一年徒刑。这似乎是一个明显不成比例的算法。

意大利天才法学家贝卡里亚说：对无穷无尽、暗淡模糊的人类行为组合应用几何学的话，那么也很需要一个相应的、由最强到最弱的刑罚阶梯。[2]有了这个精确的、普遍的犯罪与刑罚的阶梯，我们就有了一把衡量自由与暴政程度的潜在的共同标尺，它显示着各个国家的人道程度和败坏程度。从贝卡里亚

---

〔1〕《刑法》，即《中华人民共和国刑法》。为表述方便，本书中涉及的我国法律直接使用简称，省去“中华人民共和国”字样，全书统一，后不赘述。

〔2〕［意］贝卡里亚：《论犯罪与刑罚》，黄风译，中国大百科全书出版社1993年版，第18页。

的话可以看出，我们假设了一张精确的、一一对应的犯罪与刑罚计算表格，每个犯罪行为都将在这张表格中找到该当的徒刑。那么，这张表格是如何建立的呢？主要根据就是经验——一种叫“联觉”的经验。

联觉，也叫“移觉”或“通觉”，是一种特殊的心理现象。当某一感觉器官受到外界刺激时，它会形成特定的感觉和知觉，同时其他感觉器官也会产生一定的感觉知觉。比如，眼睛在观看一个无声的图像时，耳朵虽然没有听到声音，但也会产生一定的听觉效应；又如，当一位少年拥抱一位少女的时候，在产生拥抱触感的同时，会产生一种从来没有接触过的味觉和嗅觉，并综合到内心产生一种可信与不可信的心理信号。一句话，联觉就是在不同质的事物之间建立量的联系的一种心理判断。如果是同质事物的话，直接进行对比就行了，不需要联觉。不同质的事物，由于质的不同而缺乏可比较的同一性。我们知道，一杯酒与一块铁是没法进行直接比较的，不能说一杯酒就等于两块铁。但存在着货币价值的情况下，这一杯酒就可以说能买到两块铁了。所以，货币价值的实质也是一种联觉效应。同样，在犯罪与刑罚之间，犯罪行为对社会产生一种危害，对被害人产生一种损害，但这个危害或损害与应判处的徒刑之间，没有一个具体的折算方法，因为犯罪与徒刑之间没有质的同一性。所以，就要借助像货币一样的中介。这个中介就是联觉：将两个不同质的事物进行感觉上的对比，并不断形成这种感觉上的经验积累。这是一个现实，也是一种妥协。现实是不这样比较，就没办法量刑。妥协是有人吃亏，有人占便宜，但结果是大家的共同经验认可的。所以说，绝对的同案同判是不可能的，那是一种理想主义。因为，联觉本身就是一种感觉，感觉哪能精细化衡量呢？

找到犯罪与刑罚之间的联觉关系以后，只是找到了不同质的事物之间同一性的处理方法，具体的标准还要根据人的承受能力和处罚的实际效果来衡量。大家知道，人的承受能力从零到死，这是两端的最大极限。抓过来，关起来，这就是零的开始。关起来多少年都行，但最长就是关到死，或干脆直接判处死刑，这就结束了，所以贝卡里亚的刑罚阶梯就是从抓起来开始，到死亡为止。在零到死亡之间，把所有可能的情况都考虑进去，进行从小到大的排列。比如，小偷偷钱，从一块钱排列到无穷多的钱。一块钱判一天，无穷多的钱就判死刑。这样盗窃罪的刑罚计算表格就出来了。这张表格的起点很好设计，从 0 开始就行，然而其终点就只能大家商量着定了。比如，以前是 1 万元判 1 年，30 万元就可能判死刑了，而现在社会上的钱太多了，300 万元判个死刑可能都高了，所以就不断地调整商量。就这样，每次的商量大家都感觉差不多，差不多那就行了。就这样写进刑法中去，然后在法官判案子时就这么判了。大家都认可，行，盗窃罪的刑罚计算表就确定了下来，以后都这么判了。其他犯罪刑罚确定的方法也大体如此。

## 寻找有温度的判决

日前看到一份判决，拿在手上感觉毫无温度，一阵阵冰凉。司法的无情在于它的正义，但正义的司法更在于它在公众心中的温度。

**【基本案情】**金某，女，28 岁，通过手机微信，以 100 元的价格从昵称为“红色高跟鞋”的人处，购得一个含有大量淫秽视频文件的网盘账号密码，又以 150 元的价格贩卖给房某供个人观看。之后，金某以同样的手段，贩卖了两个淫秽账号密码，获利 100 元。年底，金某事发归案，因刚生小孩在坐月子，被取保候审。法院在审理中通过鉴定发现，这个账号密码对应的云盘中存在大量淫秽视频，数量达到相关司法解释巨大的标准，遂以贩卖淫秽物品牟利罪判处金某有期徒刑 4 年 6 个月，并处罚金 15 000 元。

这个案子从法律规则主义来讲没有任何问题，但从司法解释本意来看，此类网上云盘链接的淫秽视频数量并不包含在司法解释的计算标准之中（这点在之后的类似案件的判决中得到了修正）。因此，我们说，判决不能机械，要宽严相济、实事求是，要与案发的时间、地点、环境相适应，有灵活性，有温暖感。面对仅仅获利 150 元，危害后果轻微的一个刚刚分娩的年轻妈妈，判处 4 年半的有期徒刑和百倍于犯罪所得的罚金时，如何让我们感受到刑罚与其目的之间的平衡？

德国学者李斯特说：刑罚是原始的。这里包含两层含义，一是刑罚是人类历史文化中蒙昧状态下的产物，是盲目的、本能的、冲动的，是无法通过目的确定的；二是刑罚是变化的，是从原始的盲目状态，逐渐演变成对其结果可以进行公正客观观察的理性。

约 4000 年前，古巴比伦王国制定了《汉谟拉比法典》，确立了“以眼还眼，以牙还牙，以血还血，以命还命”的报复刑罚，罪和刑完全是一种“等价交换”关系，这种“等价交换”一直持续了千年。直到中国的西周，西方的罗马时期，人们发现犯罪的主观恶性决定着罪恶的轻重，刑罚的依据转而更加注重犯罪人主观上的“恶”，即“有恶必惩，无恶不罚”。《春秋繁露·精华》记载：“听狱也，必本其事而原其志，志邪者不待成，首恶者罪特重，本直者其论轻。”

随着历史步入中世纪，人文进一步开化，思想进一步解放，刑罚也告别重刑慑而跨入了具有温情的折中时代，从被害人的视角转向了被告人的视角，将犯罪人的环境和犯罪后的修复也一并考虑在刑罚之中，对“以命还命”与“无恶不罚”的思想进行了折中处理，追求报复与预防的统一、被害人保护与被告人保护的平衡，刑罚不但要从犯罪之恶的一方面考虑，还要从预防之要的另一方面进行权衡。刑罚实际从以打击犯罪为主要目的转变为以预防犯罪为主要目的了。再随着信息技术和系统论的兴起，犯罪人的回归、社会关系的修复等刑事角色关系也更多被加入刑罚的考量之中，刑罚已经不是一个单一的社会功能的工具，而是社会系统中与其他手段相呼应的一个系统单元。现代的刑法学家，必须将犯罪的惩罚与犯罪后果、犯罪对社会的影响、犯罪人今后的社会回归、被害人身心修复等因素全面结合。从这个角度讲，刑罚已经不单单是刑罚本身，而是达至社会良好秩序循环的有效措施。刑罚不完全以惩罚为目的，也不完全以预防为目的，刑罚还应有惩罚和预防犯罪之外的社会调和及推进功能。

也正因为如此，现代的法官在对每一起犯罪行为进行裁判的时候，必须有一种对社会、对被告人、对被害人和对法官自己信仰的温情权衡。法官不能只会教条地依照法律、司法解释办案。在打击任何一个犯罪行为的同时，更多地要从社会的整体秩序出发，而不仅仅思考法律的规则符合。面对明显不够重罪的新出现的网盘淫秽物品贩卖行为，更多地要考虑挽救和社会示范，不能把办案当作冰冷的工作流程，回避矛盾，抛弃被告人，机械司法，一判了之。且不知，在这一判了之的背后，积累的是罪犯回归社会及其家庭的不稳定因素。

有温度的判决，是与有温度的法官相对应的理想状态，也是司法改革的初衷。

## 没有打不赢的官司

打官司是一门技术活，这点大家基本形成了共识，不然就没有必要花钱请律师帮忙，靠律师救急甚至救命了。技术活有几个特征：一是靠技术做活。没有技术是做不了这个活的，也就是说不是专业人员干不好。二是要有做活的技术。技术不是死的、不变的，要因时、因事、因人而异。技术好活就细，技术差活就粗。三是要技、术两全。技，是熟能生巧；术，是心通法理。技，是智商，术，是情商。技、术两全，EQ、IQ 俱备，这活才做得到位。四是关键在人。有人说这个人是“人脉”的人，我不敢反对，因为中国老百姓太迷信或太依赖于“人脉”了。我只能更进一步地说，有人脉的人才是最好的，因为归根到底，打官司是个技术活，人才的支撑才是打赢的根本。

1994 年 6 月 12 日 23 时许，美国洛杉矶市南邦大街 875 号一幢西班牙式的别墅前，一条小狗凄惨地叫个不停。昏黄的灯光下，一名女子全身是血倒在台阶上，颈部、胸部、腹部及大腿上被刺 22 刀。离她 10 米处，一名男子的喉管被割断，栽倒在草丛里。这就是臭名昭著的辛普森杀妻案。警察在辛普森车上发现了血迹，在他家里发现了 34 项相关物证，并找到一只浸满血迹的皮手套，还有一双染血的袜子。种种迹象表明，辛普森就是杀人凶手。

6 月 17 日，辛普森向警察自首，但拒绝认罪。为了证明自己无罪，辛普森聘请了全美最顶尖的律师罗伯特・夏皮洛和约翰尼・科克伦，还聘请了哈佛大学著名法学教授艾伦・德肖微茨，以及首屈一指的犯罪学家、华裔博士李昌钰参加辩护。

6月30日，起诉方传唤了11名证人，提交了所有物证。7月7日，血液专家证明，辛普森的血液与犯罪现场的血迹完全相符。最后法庭裁决，将辛普森提交州最高法院正式审理。

1995年1月24日，州最高法院开庭审理辛普森案，全美电台进行实况转播。

一开场，公诉人就作了激烈的陈述，列举了命案现场发现的辛普森的血液、头发和DNA的化验结果，以及在辛普森家里提取的手套、袜子，上面有死者的头发、血液和辛普森的血液，辛普森车门上死者的血迹……一切都证明，辛普森就是罪犯。

首席辩护律师科克伦开始反击，他用近乎谈话的语调进行了3个小时的陈述，力图改变公诉方描绘的辛普森的犯罪形象。科克伦说：在凶杀现场还有其他人的指印、手印、鞋印，控方为何没有指出；检方提供的血液样本，只是现场成千上万滴血迹中的4滴，为什么只取这4滴。他最后说，大量证据是错误的，辛普森是无辜的。

富有戏剧性的是，当律师询问大卫警官时，这位警官承认有些证据无法用肉眼看见，但他坚称自己没有踩着任何东西。

**律师问：**“既然你看不见，你怎么能相信没有毁掉什么？”

**大卫说：**“因为我走路相当小心。”

**律师再问：**“如果某些有意义的东西是看不见的，你又如何避免踩到上面？”

大卫警官哑口无言。

律师迂回前进，不断发现一个又一个离奇的错误。比如，验尸官没有检查死者背后的血迹，也没有检查她胃里的内容物，以便确定精确死亡时间。当警方向陪审团提供血滴、毛发样本、脚印、手套等实物证据时，一位来自纽约的DNA专家敏锐地发现，警方在收集不同实物证据时，没有更换手套。他一针见血地质问，起诉方用来指控的那堆证据，是否已被这种收集过程破坏。接着，他又发现了一个“致命错误”：警方用接触过死者的手接触了证据，造成了证据有被污染的可能性。随后，律师团进一步揭露了警方其他严重失误：辛普森的车没有及时被隔离，可能被到过现场的其他人接触过；警察将在辛普森家发现的物证带到过现场，使物证可能在现场受到污染；有一张“足以追寻凶手的纸”不翼而飞，等等。

8月22日，著名的法医专家李昌钰博士出现在证人席上，向陪审团讲述他的见解：在犯罪现场附近，发现了第二种带血的鞋印；在房外走道上，发现了一系列模糊的平等线，其也是他人的鞋印；现场大量的血迹以及血迹之间的距离，说明“这场搏斗的时间绝不会短”，而辛普森没有时间进行这样的搏斗；那双染血的袜子“放在同一只信封里”，相互间产生揩拭，血液有被抹擦上去的可能。最后，律师团对一名自称从来没有使用过“黑鬼”一词的警方主要证据发现与收集者进行了致命的打击：这名收集者具有严重的种族歧视，他被怀疑在预审时篡改过警方记录，栽赃或捏造过证据。

1995年10月3日，克林顿总统停止政务，来到新闻秘书室观看电视直播。法官缓缓打开陪审团提交的信封，不可思议地宣布了辛普森“无罪”的裁决。

一场花费纳税人900万美元的“世纪审判”终以被告人逃脱法律的制裁而落下帷幕。而辛普森花了1000万美元高薪聘请的6位全美著名律师，他们以非凡的辩护策略和庭审技巧树立了最经典的辩护案例。[1]

综观辛普森全案，他们抓住了所有的案件细节和证据规则的灵活运用，以事实与法律交叉递进的手法，打破了控方的证据锁链和证据基础。从诉讼技术上来讲，所有的法律规则他们都烂熟于胸，运用自如；从诉讼策略上来讲，每一步诉讼过程，他们都精细演算，全盘推演，运筹帷幄。正如哈佛大学法学教授派克所说：整个司法制度的设计，其基本观念是让各方律师处于敌对竞争地位。这种设计，不仅允许、还会鼓励律师一方面拖延判决时间，另一方面还可歪曲事实、混淆是非。

---

〔1〕一山、张改霞：《中外法庭大舌战》，山东友谊出版社1998年版，第29页。

# 二、辩护之动力：法律信仰

## “法自然”与“自然法”

“法自然”是老子的核心思想。老子说：“人法地，地法天，天法道，道法自然”，“故道大，天大，地大，人亦大”。老子认为，“自然”就是道、天、地、人，自身应该成为自身的那个样子。所以老子说：“道常无为，而无不为”，“不欲与静，天地将自正”。

那么，什么是“自然法”。“自然法”可以说是西方法哲学中与东方“法自然”思想相对应的一个概念。它假设人们一开始处于一种无国家、无法律的自然状态，在这个状态下，人们为了生存，彼此攻击、彼此忍让，逐渐形成一定的普遍法则，这个法则就是“自然法”。显然，这里的“自然”，是指人的一种最原始的交往状态，人与人的关系被认为是理性人与理性人的理性关系。因此，“自然法”的基础就是人的理性，是人区别于动物的本能。西塞罗认为，尽管人在知识、财产和社会地位上存在差别，但他们都具有推测、阐述、综合、作出结论的智慧。人在理性上是平等的。法律如果否认人的理性平等，自由将不复存在。

“法自然”与“自然法”，可以说是中西方两种法哲学思想区别的根本所在。几千年来，这两种思想始终走在两条轨道上，有不同的出发点与发展动力，没有机会融和并存。

“法自然”与“自然法”的根本区别在哪里呢？我个人认为有两条：一是公本思想与人本主义；二是无为思想与理性主义。老子虽然把人与道、天、地并列为“四大”，体现了道家对人本身价值的肯定，但这个肯定的前提是“自身应当为自身的那个样子”。说白了，就是你生下来是什么样子，就要满足于什么样子。是王侯将相，就是王侯将相；是庶民百姓，就是庶民百姓。要认命，人的贵贱，上天早已作好了安排。所以孔子就想出了君君、臣臣、父父、子子等一整套礼节制度。孔子用礼来处理一切关系，将礼作为最高的事物法则，无论大小事，都能用礼来衡量并做到恰当。

西方假设的自然状态开始是个体对个体的人与人之间的关系，并假设每个人都是理性的。在理性人与理性人之间，努力寻找一种和平共处的法则。因此，在自然状态下，人们建立了所有权概念，什么情况下东西可以由个人拥有，什么情况下只能由大家共有，形成了早期的所有权制度。我们称它为私有制。在私有制下，人们交往不断扩大，理性的人与人之间就想到了一个叫契约的东西，大家一起约定，将一部分权利或全部权利交给一个共同认可的人或集体，让其来管理整个部落和所有外来移民，这个部落与外来移民就建立起一个叫城邦的东西，或称之为国家，这就是所谓的“契约社会”。这个契约如果交给一个人执行的话，就叫君主制；如果交给一个集体执行的话，就叫共和制。柏拉图崇尚君主制，他的《理想国》里有一个叫哲学王的人，他的智慧、才能、品德、操守都是所有城邦中最伟大的，城邦交给哲学王管理是最理想的状态。但他也意识到，哲学王在现实中是无法实现的，于是他无奈地选择了共和制。在柏拉图的年代，奴隶还不能被称为人，人的不平等仍然是普遍现象。所以，他的理想国至今也还只是一种理论幻想。

至于无为思想，它的本质是一种精神无为。西方的君主是从地上长出来的，是理性人的选择。而东方的君主是从天上派下来的，君主替天行道，是天的儿子来到人间拯救苦难大众。所以，西方哲学一开始就研究如何产生君主、如何制衡君主，以至于两三千年前古希腊、古罗马的思想著作，现在读来，与近代西方思想家写的东西相比，没有生涩感，反而有沿袭感。而古代中国，天子是怎么产生的是不能研究的，如何约束皇帝的权力，那是想都不能想的事，想了就是谋反、大逆不道。所以，中国的思想哲学都是从人如何适应社会开始，才会有“以德配天”“厚德载物”“以德为先”的思想，才会有“四书五经”。

当然，西方所谓的理性，也不是什么都敢乱说的。西方也敬神、畏神。这个神是怎么来的呢，是坐在家里想出来的。西方是理性世界，理性就是逻辑，逻辑就是因果关系，因果关系就要讲为什么有、为什么没有。他们不满足于人是从娘胎里生出来的事实，没事就想：娘胎里怎么会有人呢？爹妈怎么会有造人功能呢？爹妈又是从哪来的呢？爹妈的爹妈又是从哪来的呢？就这么一直想下去，包括土地有多大，大地有没有边界，那个边界外又是什么；树为什么有那么多种类；铁呀、水呀、风呀，为什么会有这些东西。以他们当时的智识，或用现代的智识，也难有令人信服的答案。于是，他们想到一个至高无上的神秘，给它取了个名字，叫上帝，叫神。所以，马克思说：哪来的什么神、上帝，不外乎人的想象罢了。所以，西方人的理性，到神这就打住了，是一种无奈，这是其思维极限。在这个极限下，理性的人就什么都敢做，他们叫充分发挥个性，认为个性是创造社会财富的根本动力。这当然被辩证唯物主义证明是错误的。

“法自然”与“自然法”虽然存在这些区别，但在近代，特别是现代，由于科技的高速发展，特别是信息科技和交通科技，一个将全球原来各自难得见面的思想，简单就拢到了一起对比；一个将地球的东南西北，迅速地缩小了之间的距离。在这个背景下，“法自然”与“自然法”就不得不面对面地进行较量。第一场较量在清末民初，自然法被改革派引入到东方，并且直接在规则上被整体引入。这场较量，就像上面所分析的，“自然法”占了上风。第二场较量从中华人民共和国成立开始，到现在。这场较量中，中庸和谐思想发挥了重要作用。在中国人口众多、经济高速发展、政治逐渐清明、社会稳定任务突出的背景下，“法自然”经过自身扬弃后，一些思想精髓得到了充分肯定，又获得了生命力，杀了回来。比较有说服力的表现就是国学的回归，在法学上，就是中华法系的研究突破。连美国都不得不服气地说：中国的制度是当前在中国最好的制度。而美国自身由于反恐、防暴、抗衰（经济）的压力，在中国快速发展并持续稳定的事实中，美国也偷偷学起了“法自然”的经验做法。美国自身已经越来越加强对社会的控制和对思想（表面上是恐怖思想）的控制就是例证。因此，“法自然”与“自然法”，这对中西方法哲学的分水岭，不但没有消失，反而在更大的领域突显。

看样子，“法自然”与“自然法”的冲突调和都是暂时的，分手是永远。因此，说一种思想是永远好，或永远坏，都是不合时宜的。

## 法理与法律，左脑看右脑

法理与法律，一个是左脑，一个是右脑。这是个比喻，但事实也是如此。法理追问为什么，法律追问是什么。为什么要靠想象，是什么必须有标准。想象没有拘束，标准应当清晰。当然，为什么还要有是什么垫底，是什么还要有为什么当靠山。左脑看右脑，看是用脑子看，用脑就是支持，一种精神上的关心。所以，法理与法律，你中有我，我中有你，你看看我，我看看你，看的都是脑子。

法理是哲学，法律是逻辑。哲学是理性追问客观，是智慧学。逻辑是客观服务理性，是科学思考的方法手段，是智慧工具。所以，我们说法理是学问，法律是工具，这是它们自身决定自身的结果，没法否认。这也证明，法理可以多样，没有国别，但法律充满政治色彩，必须可靠。所以，我们把法律当作“刀把子”，紧紧抓在政治手上丝毫不能放松，把法理当作思想交流，放到大学里随思而流，可以批判。学好了法理，你会更聪明，用好了法律，你会不断走向功利。功利主义法学现在就是美国法学的主流，受到了很多批判，但一直不低头。当然，美国人表面上讲的是最大多数人的最大幸福，标榜所谓的大功利观，而不是小功利观。所以，一些学者就体会到，功利是聪明的导师，越功利，越有动力，越有动力，聪明就越能发挥作用。这就是我们现在研究法律问题时的问题，要法理与法律兼顾，用法理选择法律，用法律提炼法理，成为一个聪明的法律工具主义者。

法理总是批判法律，法律总想改变法理。法理，讲究的是理。理的特点就是霸道，总认为自己是对的。所以，法理看法律，看的都是毛病。法律，要的是解决问题的能力。解决问题主要看效果，有效果就是对的，没效果就是虚的。所以，法律看法理，尽挑有用的看，叫顺我则理，逆我则非。法律在接受法理的批判过程中成长，法理在顺应法律的挑剔过程中长进。没有法理，法律会迷失方向感；没有法律，法理会丧失存在感。法理和法律，一对生死冤家，但并不冤家路窄，它们是辩证的。

法理心眼太多，法律心眼太小。法理从远古走来，幼稚时，法理无知，只能对神灵顶礼膜拜，一切都从自然找出处，法理就是自然法。到现在，如果说法律人也有乡愁，那乡愁就是自然法。当法理遇到无法解释的法律现象时，一种乡愁就自然出现——将现象归于神秘物，归服于法理的宗世法宝，自然法理论。随着法理眼界开阔，特别是上帝的死亡，神失去了神秘性，法理将目光投放到人间，法律完全是主权者的命令，法理转向现实主义，现实主义法学出现在人类智识的成熟过程中，也将法理带到难以控制的多样性当中。自由主义法学、实用主义法学、怀疑主义法学、法律实证主义法学——法理是如此的多样化，没有定所。直到这个地步，法理学也染上了工具色彩，将存在视为合理。但终于是大屠杀改变了法理多样性的继续。纳粹“恶法亦法”的争辩，让我们看清，没有自然法乡愁的恶法不能成为罪恶者免死的理由。在将纳粹恶法打入非法的审判之后，法理有了走出迷雾的证据，但仍没有脱离工具化的色彩。

法律心眼太小是其工具本质决定的。法律一生下来就是帮助评价处理具体事物的，而且处理必须结果清晰，没有可选择性。这样的法律，眼光是单一的，转换眼光的机会，只有在选择法律的那刻。就像一支箭一样，弓为其选择了方向，其只能奋力地向着该方向去飞。箭的方向不是箭自己选择的，法律的心眼太小也不是法律的选择过错，而是法律的专一，值得等待。

法理与法律，左脑看右脑，看不尽的是脑，看得尽的也是脑。只好摸摸脑袋，继续看看。

## 法的国家地位

法的国家地位并不是一个固定的模式。简单举例，中国历史上曾长期存在“德主刑辅”“出礼入刑”，法只是德治的辅助、礼治的维护手段之一。而现在全世界都在讲法治，似乎法无所不能，成了一个神圣的东西，要被供起来一样。

我们说，有为才有位，有位才好为。事物的作用决定事物的地位，事物的地位推动事物的作用。所以，法的国家地位首先是法的国家作用。这符合哲学讲的“事物的本质决定事物的外在”，这是第一个根本。但法的作用如何体现，还要从国家治理的需要来看。换句话说，就是要看法在国家调和手段中的相互关系。国家治理会有多种手段，有形的如政策、立法、警察、行政、司法等，无形的如道德、宗教、习惯、传统等。可见，法并不是国家手段的全部，也不可能是全部。所以说，法的国家地位是法与国家手段的关系。如果用一个百分比来描述，法在国家手段中所占的百分比是多少，法的地位就是多少。有人不同意这种说法，认为警察、行政、司法都是法的具体运用，道德、宗教、习惯、传统都是法的管辖对象，政策也不能越居法律之上；认为法是所有手段里最高明的手段，不与其他为伍。这是没看清手段之间的交叉独立性。实践证明，每种手段都存在自己独立发挥作用的空间，也都存在与其他手段交叉影响的重叠。手段既有独立性，又有依赖性。不能光看到独立的一面，也不能仅看到依赖的一面。比如道德、宗教的作用主要在人的内心认同，并自觉外化为行为，法在这方面是不全面的。习惯、传统主要在人与人的礼遇交集，并自觉遵从亲疏，法在这方面也是不全面的。也正因为这样，各种手段之间才必须有一种调和关系，根据国家矛盾的不断变化，手段与手段的作用地位不断地调和变化。所以，法的国家地位最终是国家矛盾的变化体现。这就是我们常说的“治乱世用重典”“治盛世用仁政”的出处了。

理解法的国家地位，正确认识法的国家作用，可以处理好几个关系。一是法律至上不是最上。至上是相对于法自身所及的领域来说的，离开法律辖区，法律应当低调。二是司法维法不唯法。法是死的，案子是活的。维护法律的尊严，更要维护国家的尊严。三是学法还在法外。弄懂法本身是什么，还要看清法之外是什么。不能把法的春天建立在理想中，而不清楚真实的法的春天应该是个什么样子。说到底，法是由国家制定颁布的，是国家之下的东西。期望法与道德、宗教、习惯、传统那样，以服务于社会为根本追求，离开国家也照样存在，除非法有了超越国家的本事，没有国家也能存在下来，那样，法就是产生于社会的东西了。这就需要对法与国家关系的重构了。这可能吗？

## “悖论怪圈”与“上位法则”

西班牙名著《唐吉诃德》中记载了一个故事：一条大河横穿在一伯爵的封地上，伯爵在河上修了座桥，并在桥头立了一座绞架。伯爵说：谁要过桥，先得发誓到哪里去、干什么。如果说的是真话，就放他过桥；如果撒谎，就绞死他。

一天，来了一个人发誓说：跑来没有别的事，只求死在绞架上。

这可难倒伯爵了。如果放他过桥，他的誓言就是假的，就必须绞死他；如果不放他过桥，绞死他，他的誓言就是真的，就不能绞死他。同一个情形，由真推假，由假推真，形成一个逻辑上的死结“悖论怪圈”。

后来，他向总督请教。总督心思灵敏、精明果断。他说：“这个人一半是真、一半是假。那么就让说真话的半个人过去，处死撒谎的那半个人。”这么一分，人不就死了吗？总督接着说：“同一个理由既要处死一个人，又要放过一个人，而害人一命不如救人一命，这时应该从轻发落，放他过桥才对。”

总督的解决办法得到了赞扬。他意识到，伯爵规则中存在着由真推假、由假推真的自身矛盾，恰恰被那个求死的人揭露了出来。“放他过桥，他就在说假话；绞死他，他却在说真话。”总督没有拘泥于这个怪圈，而是跳出悖论，用一个上位法“疑案从轻原则”，来解决问题。这个方法就叫“上位法原则”，也是现代法律理论和实践中经常使用的一个技术。

上位法原则是指在本级规则无法处理，或处理结果明显不当的情况下，寻求一个效力等级较高的法则来处理的一种逻辑思维方法。这是矛盾不能解决矛盾自身时的一般处理原则，也是我们通常所说的“跳出问题看问题”的方法。如我们熟知的“一对一证据规则”“有利于被告人原则”“无过错责任原则”“公平责任原则”等规则，其理论依据都主要是上位法原则。上位法原则是社会矛盾无限多样性的一个反映，在矛盾之间形成悖论、又必须解决矛盾的情形下，进行利益权衡，找到一个利益最大化的办法。从这个角度看，上位法原则既是一个衡平法则，也是一个功利法则。不过是站在更高层阶上的衡平与功利，以一个更高、更全面的视角来把握问题。

当然，伯爵绞架的处理方法还涉及一个哲学问题，“我思故我在”的唯心主义。这个人“只求死在绞架上”，这是一个想法，与“死在绞架上”的事实之间，还存在着“我思”与“我在”的一段距离。也就是说，誓言的真假，并不以誓言说出者的话为检验标准，而是以他的实际行动为检验标准。从这个角度讲，伯爵在桥头是无法判断任何一个人誓言的真假的。因为，只有让他过桥后，跟踪他的实际行动才能知道，他的誓言是真是假。所以说，这个绞架将永远无法公正地绞死一个未过桥而发誓过桥去干什么的人。

# 法律与伦理教养的子孙

《南方周末》刊登的一则《辱母杀人案》的新闻刷爆了网络。“母亲被索债者当面凌辱，儿子情急之下刺死一人。”这是《人民日报》最简单的案情描述，“当一个人或其近亲正在遭受难以忍受的凌辱时，奋起反抗造成一定后果，司法应该如何认定这一行为?”《人民日报》认为：“此事切入了一个关于法律与伦理的命题。”

“法律与伦理”是一个古老得不能再古老的话题。因为，法律的本质就是伦理。法律是伦理的产物，伦理是法律的渊源。在伦理不断调整社会关系的过程中，逐渐形成了社会关系的共识，或者说这个不断被调整的社会关系共识被统治者（立法者）认可后，便上升为“法律”。从这个角度讲，法律并不是什么神秘之物，不过是伦理教养的子孙。

“法律与伦理”之所以成为千百年来人们争议不断的命题，究其原因是法律具有摄取权力、背叛伦理的机会。在伦理共识的基础（社会关系共识）上升为法律的过程中，有一个关键因素，或者说法律找到了一个新的寄主——国家权力后盾。马克思说，法律是以国家强制力为后盾的统治工具。从这一刻起，伦理共识基础完成了向法律寄主的投靠，这个投靠被法律自诩为涅槃，法律获得了伦理所没有的权力后盾，成为统治阶级的工具。此刻，法律甚至凌越于伦理之上。维护法律实施就是保护伦理调整下的社会关系共识，而通过法律对伦理的保护，法律就逾越出了伦理的范畴，有了凌驾于伦理之上的表象，也有了背叛伦理的机会。

马克思曾说："随着社会进步的发展，法律变得或多或少地精致起来，慢慢地人们忘记了这些法律是经济生活条件的表达。""法律看起来逐渐具有了自治性，似乎人们认为它只是起源于主权者意志的表达。"[1]法律的精致是法律自身的独立和表达，但不能脱离滋养法律产生的母乳（伦理）的牵引。起源于主权者意志表达的法律自治性，仍应常记，主权者意志的表达仍然是社会绝大多数人的平安幸福。法律并不伟大，法律应时常反思。马克思还说，法律最终会在人类发展的高级阶段消灭。这是法律不愿看到，但也不得不看到的。

真理总是经过一段波折后回归人心。法律再狡谲，离开伦理之滋养必然会失去自己，面目全非。

---

〔1〕［英］韦恩·莫里森：《法理学：从古希腊到后现代》，李桂林等译，武汉大学出版社2003年版，第279页。

## 女性主义法学

尼采说“女性是上帝的第二个失误”，每一位牧师都晓得，“邪恶都是女性带到世间的”。威斯特说：“每当我表达的感情显示我与逆来顺受的人不同时，人们就把我称为女性主义者。”非裔女性主义者莱利斯·基茜呼喊道：“（请）把我带到一个不必失去自我的世界中去吧！”

有人说，20世纪所有的文化变革中，女性主义注定会产生最伟大的影响。〔1〕

在没有接触女性主义观念之前，我们一直在学习一种所谓的主流思想。法学，更是如此。其如此的法哲学根据是，法是统治阶级意志的集中体现。其集中体现的外在表现就是统一性，仅有一个主流观点得到立法通过。一旦这个主流的思想得到立法的认可，其他观点就成为非主流，甚至是非正确的观点。如美国最高法院以5∶4的比例通过堕胎权和对控枪的否定决议一旦出台，反对这决议的观点即不得在司法实践中被许可运用。因此，理解一些女性主义法学的思想，是作为有完全辩护思维的辩护人的思想方法需要。

什么是女性主义？早期观点认为就是女性的解放、平等和自由，后来的观点转移到女性在法律、文化和社会结构、社会变革方面所能释放的潜能。〔2〕但无论如何，女性主义针对的目

〔1〕［英］韦恩·莫里森：《法理学：从古希腊到后现代》，李桂林等译，武汉大学出版社2003年版，第507页。

〔2〕［英］韦恩·莫里森：《法理学：从古希腊到后现代》，李桂林等译，武汉大学出版社2003年版，第507页。

标仍然是男性作为主流文化的“常识性假设”，她们要求以一种与男性不同的方式体验世界，并最终也以一种不同于男性的方式认识世界。

这个定义给出的思想，是以男性占据社会主流观点的强势地位，推定女性在社会中的非主流观点（女性视角）的被压迫感。这正是女性主义法学得以发声的事实根据。

女性主义法学主要针对三个问题：(1) 反对以法律的形式，合法地对女性施加压迫的现实；(2) 父权制的压迫无处不在，及研究反抗父权制的法律策略；(3) 女性的正义感问题，传统上一直认为女性的正义感是不成熟的，为缓和男性无所约束的欲望和权力意志，应当给予女性更多的机会来平衡被扰乱的世界秩序。〔1〕

这三个问题，直接针对的是女性社会地位的不平等。不平等的原因是女性生理结构的基础不对称性。这使得男性具有的暴力优势最终被引导到统治阶级的法律形式上，以合程序性的法律规则在可能无意识的状态下，实现了对女性的法律压迫。

女性主义法学是如何努力前行的呢？

第一，抵制一些被公认的法律规则，及规则制定的法律术语的标准定义。如法治、公平、正义的观念、家庭成员的权利义务在法律上的具体规定等。认为这些标准是在父权主义下被创造出来的，对女性是一种制度压迫。在女性主义法学的很多内容中，法律的合理结构、决策结构和解决方式都是以男性为中心的，认为法律不可能解决这些问题。因此，她们提出一个超越法律的解决方案，即放宽女性的发言权和参与经验的范围，

〔1〕［英］韦恩·莫里森：《法理学：从古希腊到后现代》，李桂林等译，武汉大学出版社 2003 年版，第 508 页。

以使她们能发现法律规则中存在的对女性的压迫和剔除这些压迫的错误传统。

第二，试图使女性性别上的从属功能超越社会的自然分工。性别是性的本义，它的基础除了是它的霸权建构起来的社会现实之外，性感标准也被赋予男性至上的认识过程，这个认识过程体现着性别不平等变成社会不平等的发展过程。假定中的自由主义国家只是男性眼光的集中体现，国家是女性意义上的男性国家，将法律看待女性的方式等同于男性看待女性的方式。相反，她们认为，女性要想主张平等权利，必须改造男性国家的眼光，用女性视角来看待自由主义国家问题。

第三，改造男性主义结构，加强对私生活的干预。她们努力铲除无处不在的男性主义结构，主张那些认为自己具有自然性和普遍性的男女划分方法是以男性主义观念为基础的，是一种臆想，并加以拒斥，并认为女性主义与其不过是两种方法之分。女性主义在法律领域的巨大成功，突出体现在克服传统制度中存在忽视女性成为受害者的一些特殊领域。美国法律女性主义者把具有女性性别特殊性的伤害，如性骚扰，理论化为群体性的社会侵害，借此促进政策及法律对男性私生活领域的进一步干预。

女性主义话题触动男性更多的语言反击，简略概括只是一个视角的反映，与每一种视角都仅选择人类条件的某一方面的结果一样，女性主义当然也存在着牺牲女性优势的趋势。激进女性主义也承认，一方面，女性渴望个体化，希望与男性完全平等，但在一些关键能力方面的不可能平等的地方又失去兴趣；另一方面，她们仍希望借助于父权制的霸权解放女性，又流连于主流文化赋予女性应该珍视男性的亲昵和依赖感。这是一个分离与独立并存的危险境地，女性主义不得不承认其内涵、语境，在责备传统观念不把女性看成一个内在一致的实体的同时也存在着一种不完善的女性主义的偏执问题。[1]

由此，解读女性主义法学，不仅是一个学术的工具要求，更深入的是一个辩护者与法律视角多样化的培养所必须具备的逻辑素质。

---

〔1〕［英］韦恩·莫里森：《法理学：从古希腊到后现代》，李桂林等译，武汉大学出版社2003年版，第543页。

## 法律的诚信价值

某电台一档热播节目被深圳市中级人民法院判决名称侵权，暂时更名为“缘来××××”，并在原时段继续播出。同时，该电台声明其已按司法程序向法院申请再审和暂缓执行。而在此前阶段，也正是这个电台，在其侵权判决生效后，公开声称将不执行法院判决。以传播法治理念为己任的主流媒体，如此对待生效的司法判决，着实让国人吃了一惊。

公元前339年，古希腊思想家苏格拉底为了坚持“一个公民必须遵守法律”的信仰，拒绝朋友为他安排好的越狱计划，在生命的最后一刻，平静地饮下毒酒，用生命捍卫了法律的尊严。

1912年，年轻的毛泽东参加湖南省高等中学作文大赛，以《商鞅徙木立信论》一举夺得头名。年轻的毛泽东写道：“法令者，代谋幸福之具也……吾民方恐其不布此法令，或布而恐其不生效力……乃必徙木以立信者，吾于是知执政者之具费心也，吾于是知吾国国民之愚也，吾于是知数千年来民智黑暗、国几蹈于沦亡之惨境有由来也。”

商鞅徙木立信，徙木是形式，立信是要害。毛泽东一针见血地指出了吾国几千年国民之愚、执政者之费的要害，乃在于立信之根本。依法治国，实现中国法治梦想，不从立信开始，终将是画饼充饥。

公元前5世纪，俄狄浦斯王错误地杀害了自己的父亲，并娶母为妻，登上国王宝座，但一直受到众神的诅咒。他死后，两个儿子在底比斯第七个大门前发生了一场鏖战，战斗空前惨烈，两人均战死。王后的弟弟克瑞翁，成为城邦新的统治者。克瑞翁上台后，“以城邦的名义”厚葬了俄狄浦斯的大儿子，却让小儿子波吕尼刻斯暴尸荒野，并下令谁为他举行葬礼，谁将被处以死刑。俄狄浦斯的一个女儿，安提戈涅（既是俄狄浦斯的女儿，又是他的妹妹），看到哥哥成了敏锐的食腐鸟的大餐，她疯了。

安提戈涅受到两种并列的义务和法律的约束。埋葬哥哥，这是天堂法律的约束；不埋葬哥哥，这是国王法律的约束。安提戈涅决定为哥哥举行一个象征性的葬礼。

当安提戈涅被带到克瑞翁面前时，她回答说：“您的法令不足以推翻上帝和天堂不成文的、永恒的法律。我不能在上帝面前犯罪。”在执行死刑的时候，克瑞翁感到了沉重的负担，他因担心而要为这一惩罚找到正当的理由。他说：“国家制定的法律必须得到遵守，不管事情大小，不管是对是错。没有比不服从法令更危险的事情，城邦将毁于此，家园将毁于此。因此，我坚持法律，永不背叛。”〔1〕

这个故事体现着西方上帝法与人定法之间的冲突。西方在对上帝绝对信仰的愚昧时代，违反上帝法将使灵魂不得安宁。从这个角度来讲，人定法在产生之初，即隐藏着不被遵守的依据。社会生活的现实创造了各种各样的环境，在这种环境中，服从也产生不服从。“每个人遵守一种法律是以违反另一种法律为代价的。”安提戈涅的痛苦，表明了在希腊传统中存在着一种实际的以及潜在的价值冲突：在一个需要统一的世界中缺乏统一性。

---

〔1〕［英］韦恩·莫里森：《法理学：从古希腊到后现代》，李桂林等译，武汉大学出版社2003年版，第24页。

法律的诚信价值，产生于不同的取向和视角，特别是在道德与法律的矛盾冲突中。道德要求是正义的，法律必须在理性思想的方法下正义地运行。然而，“现代法治和伦理已经推动了其与道德之间的紧密联系，其仅仅是技术”的观点，已经越来越受到一些资本主义法学家的追崇。他们对法律的思考体现了后现代语境的模糊、希望、混乱和恐惧，也包含于批判法学研究运动之中对法律的异化后果的恐惧。与法律的自负相比，每天都产生着欠发达国家束缚在西方法律统治的网络中，与看到的一种法律全球化的文化传播的紧张关系。法律的诚信价值，不得不在神志清醒的情况下，回到一种哲学模式的抽象研究之中——目标是关于法律的本质存在与法律效果的现实存在的张力的哲学取向。

“缘来××××”节目组称他们一贯尊重知识产权，一贯遵守法律。这是法律诚信的良好示范，是用一个公民（法人）的利益牺牲，不断支撑起法律诚信的精神大厦，同时也维护了主流媒体的高大形象。

# 法律模糊与法官信仰

近期接触了几个小案子，一个是房屋买卖中介合同纠纷，另一个是房屋租赁代理合同纠纷，还有一个是商品代理居间纠纷，以及类似的其他情况。这些纠纷都有一个共同的特点：法律的模糊性。

拿房屋买卖中介合同来说，你看合同抬头：甲方，委托方（卖方）；乙方，委托方（买方）；丙方，中介方。乍看是一个标准的三方合同，你看不出有什么问题。甲方卖房，找中介；乙方买房，找中介；谁也没错。再细看三方身份：甲方委托方（卖方），即在本合同中既是委托方，又是卖方；乙方委托方（买方），既是委托方，又是买方；而丙方永远只有一个身份，中介。说实话，这是个什么合同，我真说不清楚。说它是个居间合同，但有买卖的内容；说它是个买卖合同，但它真是个居间合同。而且这个三方合同，据说还经过了有关部门备案。真不知道有关部门是怎么审查的：如何能让卖方与买方同时出现在中介处签这个三方合同？除非是中介与卖方或买方签完合同后，再等着买方或卖方出现后补上那个签字。但这还是中介合同吗？

再说那个租赁代理合同，说白了就是让你把房子交给他出租，他赚中间差价的一种租赁合同，但签的却是租赁代理合同。这个合同一签，房东真不知道房是租给谁的，可对方每个月还像模像样地给租金。都不知道房子租给什么人，有这样的委托吗？这样的合同，出了事是房东的，赚了钱是中介的。因为合同约定一切租赁行为都得到了房东的授权，代表房东实施。

还有个商品代理居间服务，若没出事，大家相安无事，有卖，有买，中间人在操作，一切顺利，大家都有利。一旦发生纠纷，谁都不认账。

商业活动中，格式合同的设计，唯己有利是客观现实。虽然少数人在设计中也会为他人考量，但前面几个例子都是为自己考量得太多。这可能是当前经济纠纷产生的一个主要原因：经营者都把合同写得比较模糊和于己有利。商品经济，无可厚非。但厚非在哪？在于一个社会的平衡机制的掌握者——法官能否拨开云雾。

说到这，法官会有些冤屈。一个法官一年审理几百件案子，每天都在写判决书写到天亮，为人民服务也是呕心沥血了，但当事人仍有不满意的。我想，这里可能有三个问题。

第一，如何秉持公正。类似这种模糊合同，是采取意思自治原则，还是规则主义，可能是法官自由裁量的空间。从意思自治来讲，客户确实表达了买卖的真实意愿，但他可能不知道这个买卖意愿不应当在中介合同中表明。从规则来讲，中介根本就不应当制作这样一个模糊合同来忽悠客户，堂堂正正地与先来后到者各签订一个双方的居间合同就是了。但中介总是怕客户不成交，所以用一个三方合同来拴住买卖双方。从这个角度讲，这个模糊合同的制作方存心不良。法官如何判断有难度，意思自治，签合同时三方都是明白人，规则主义，法律又没有明文禁止。

第二，如何相信意思。我们说，黑纸白字那是真。在中介制作的三方合同中，各方的主要合同条款都在其中表述得很清楚，你现在想反悔，怎么让人相信原来是假的。有人说是重大误解，有人说是受欺骗，但你是个正常人，误解、欺骗都是不正常人才有的情况，让法官如何相信？

第三，兼顾各方。法律有一个最高原则，叫公平正义。这很有意思。公平，讲究公众的平等；正义，讲究正确的义气。在没有一个明显对错的地方，我们经常引用公平正义作为处理原则。但这个原则有一个弱点，叫同情弱者。公平是希望强者对弱者怜悯；正义是希望强者帮助弱者。因此，公平正义，说到底是兼顾各方，因为大家都是受伤者。

法律的模糊，法官的信仰，在某种程度上是一个意思。很多人会不理解，法律如何能模糊？法律规定的每一句话都那么清晰，怎么会有模糊之处？但法律确实是那么模糊，因为任何词语本身都是模糊的本身，更因为人类最值得骄傲的语言，本身就没有一句话、一个词、一个字是只有一个意思的。这不是法律的错。更何况法律是一个永远滞后于人类当前思维的生下来就落伍的东西。

说法律的模糊，需要法官的信仰，是法官对纠缠事物的洞察能力的辨别。信仰是什么，常有人比喻说信仰就是你在黑暗中看到的那盏灯。这个比喻不好，你在黑暗中看到的那盏灯，那盏灯不是你的灯，你的信仰就不是你的东西。所以我说，信仰是你心中点燃的那盏灯。这才是你的信仰。你心中有盏明灯，你就不会乱。法官的信仰永远在法官心中，这个信仰是什么，法官心里明白，就是无偏私的居中裁判。这是我们坚信的。

## 专业律师的优质法律服务

法律服务，我始终认为与医疗服务一样，不同水平的律师提供的法律服务水平是有很大差别的。专家一眼就能看透的问题，普通律师可能永远无法识别。人们不远千里，花重金寻求高人指点，道理就在这。世间万物，不外乎现象与本质。但现象是世俗的，本质是脱俗的。现象人人可观，只要你五官正常，即可感知事物的形状大小、色彩声味。本质深藏不露，阴阳五行，相生相克，只有通过思想挖掘才能不断呈现。

任何一个案子，都不是简单的现象，它是一个多面立体。面对这个多面立体，不同知识结构的律师，认识的深浅不一，得出的解决方案也是迥异。官司的输赢，很少有人从律师的诉讼策略上找原因，就像病人就诊，很少有人责怪医生的方子有问题，而是认为自己的病灶有问题，自责病入膏肓，另求高明，再投好医院了事。其中的原委，应该是没有一个对律师服务好坏进行量化的比对标准。没有这个标准，所有能自圆其说的解决方案都是正确的方案，无可厚非。

打官司的一个本质，就是对抗性，是原、被告在居中裁判者法官面前的实力比拼。你能找到对方的破绽，并提出让法官不得不接受的理由，你就可能赢。你驳不倒对方观点，法官也不相信你所说的那些，你就可能输。从这个角度讲，打官司不是两方之间的事情，而是法官与原、被告三者之间的交锋。律师可以讲得天花乱坠，法官听不进心、脑你就枉费心思；被告可以是笨嘴拙舌，只要法官会从中圆场，道理照样清晰。从这个角度出发，你打官司的对象不是被告，而是法官。这是大陆法系国家追求案件客观真实的基本原则所致，法官坐在三角形的顶点，原、被告站在三角形的两个底角，一切听由法官裁决，只要裁决不逾越三角形的平稳定律就行。因此，要得到高质量的法律服务，就必须找更专业的律师帮助。

什么是专业律师？一般的理解是在某个领域具有专门研究的律师。我不这么认为。这里的专业律师，指的是专门做律师的律师。这个观点我与很多人不一样。我比较反对片面地理解律师专业化，把律师与社会分工一样分成各种专业，这不是律师的需要。因为在每一个社会分工里，都与法律有关，但法律又不是它的主要部分，社会分工的那个专业才是它的专业。律师在社会分工的专业中，只是占到这个专业的法律规则部分，而这个法律规则部分，并不一定只适用于某一社会分工的某个领域。如果这样的话，律师就没必要单独存在了。

什么样的律师才算是专业律师呢？

首先，笔者认为至少要达到这样一个程度：能熟练运用法律和逻辑知识透彻理解各领域的矛盾纠纷。因此，专业的律师首先是逻辑能力强，然后才是法律知识丰富。为此，我们在寻找律师时，首先要注意观察他的逻辑思维能力，逻辑思维能力强的律师不可能不是个好律师。

其次，要看他的法律知识结构，特别是法哲学知识是否扎实。哲学是学科的皇冠，法哲学功底扎实的律师，对法律规则的理解是真正的理解。没有法哲学功底，法规则对他来讲只是死记硬背的东西，是死的。从这个观点讲，我希望法学院要加强法哲学的课时和研究。

再次，要让律师舍得在你的案子上花时间。这个道理很简单，任何法律事实和法律观点都是在不断地深思熟虑中得到优化的。要给律师充分的思考空间，并不断地提供线索和素材来丰富律师的思考内容。舍得在你的案子上花时间的律师，是对你负责任的有道德感的律师。

最后，要与律师建立充分的信任关系，其中感情上的信任最重要。律师如果发现当事人对自己有所保留，一般也会对当事人有所保留。而这里的保留内容就可能成为案件处理的盲点，即不被自己发现，却会成为对方攻击的切入点。

# 实践篇

# 三、辩护之根据：证据运用

## 证据+规则=源头活水

谈到证据问题，要说的话确实太多。打官司就是打证据，大家都明白。但有了证据怎么用，就是很关键的事了。我们都知道，打官司是对已经发生的事实纠纷进行是非曲直的公断，公断的对象就是“已经发生的事实”。这个事实要有人信，要么是大家一听就懂的，要么是有凭有据的。大家一听就懂的东西，比如说“太阳打东边出来”“江水下流”“己所不欲勿施于人”等普遍真理，或是约定俗成，不需要证据证明的。除此之外，你说“张三把李四打伤了”“王二骗了李四钱”“别人家的狗是我家走丢的宠物”等，光说没用，要拿证据来证明，凭证据说话，这个拿证据来说话的过程就是证据+规则的运用过程。

**【案情回放】**甲方委托中介卖房，乙方委托中介买房，为了能多贷到款，双方签了一份阴阳合同：签约价格400万，实际价格360万。但人心易贪，在家属的怂恿下，甲方拒绝承认有阴阳合同，要求乙方按400万元价格交付，遂发生纠纷。

如何证明这是个阴阳合同成了乙方最头痛的问题。无奈，乙方来到中介，请求中介说句公道话。但中介怕甲方报复，又怕因诱导客户违规，受到处罚，不愿出面作证，但中介在与乙方的单独交谈中，认可了签订阴阳合同的事实。这个谈话被乙方私藏的录音笔记录了下来。

乙方拿着这个录音证据上了法庭。

甲方：这个录音是偷录的，形式非法，不能独立证明案件事实。

中介：这个录音我们不承认。

乙方：录音证据必须形式合法，这是民事诉讼证据规则的要求，但如果我们将这份录音证据举报给市场行政管理部门，我们相信行政部门对市场经营行为的证据审查规则就不一定是形式优先了，而是实质审查。这个后果请中介认真考虑，值或不值。

中介：……

乙方：如果甲方继续不承认360万元的实际交易价格，我们最多承担40万元的经济损失，但庭后我们会将这份录音证据，举报给公安机关，理由是甲方蓄意侵占他人40万元巨款(以阴阳合同的形式，故意侵占他人巨额财产)，相信这份录音证据经鉴定真实后，甲方面对的不是交不交还40万元的问题，可能是牢狱之灾。也请甲方认真考虑。

甲方：……

道理讲到这个份上，中介感到没必要为了甲方的非法利益承担被行政处罚的风险，承认了录音谈话的真实性；甲方看中介已经承认，且自己可能面临牢狱之灾，也理智地承认了阴阳合同的存在。

一场如意算盘，就这样在不同诉讼种类对证明标准的不同规则面前顷刻瓦解。

# 行政诉讼第三人证据的优势规则

一个行政诉讼案子，非行政机关诉讼当事人的证据责任问题仍是目前的一个盲点，很值得研究。

**【案情回放】**：县政府于1996年8月为金某颁发了《土地使用证》，12月又为桂某颁发了《土地使用证》，两证为同一土地。2014年7月，政府发现上述两证均无法查到档案材料，但金某领证在先并一直使用，决定撤销桂某权证。桂某对政府决定未提异议，但认为政府向金某颁发土地证的行为没有事实依据，要求法院撤销金某的土地证。金某被列为第三人参加诉讼。

一审判决：根据《土地登记规则》和《土地登记办法》(已失效)，申请登记一般要提供土地权属申请和来源等证明材料。第三人金某持有的《土地使用证》没有上述申请和审批材料，故政府颁发给第三人金某的土地证没有事实和法律依据，应予撤销。

金某不服上诉称：按办证程序，申请人先向政府递交土地权属和来源等证明材料后，才能领取《土地使用证》。因此，只要没有相反证据，持有土地证就应推定申领手续合法。一审以政府无法查到该申请材料，就撤销相对人的土地证是明显不当的。按照一审逻辑，所有经申请的行政登记，只要没有查到申请人的审批材料，都可以被撤销，这显然说不过去。

但二审仍坚持一审意见。

问题提出：行政诉讼中，如果行政机关举证不能或不作为，能否由第三人承担不利的法律后果？第三人在该诉中承担何种举证责任？证据采纳标准是什么？

1. 被告的举证责任不因原告是利害关系人或行政相对人而有区别

《行政诉讼法》“证据”一章共有 11 条，其中 1 条规定了证据种类，6 条规定了证据提供和收集，2 条规定了原告举证情形，1 条规定了证据采纳，涉及被告举证责任的只有第 34 条：被告对作出的行政行为负有举证责任。而《行政诉讼法》的司法解释中没有涉及举证问题，《民事诉讼法》有关证据规定又不明确适用于行政诉讼（《行政诉讼法》第 101 条：人民法院审理行政案件，关于期间、送达、财产保全、开庭审理、调解、中止诉讼、终结诉讼、简易程序、执行等，以及人民检察院对行政案件受理、审理、裁判、执行的监督，本法没有规定的，适用《民事诉讼法》的相关规定）。因此，不论原告是利害关系人还是行政相对人，对被告的举证责任要求都是一致的，并没有区别。

2. 在被告举证不能或不利时，第三人承担补充举证责任

《行政诉讼法》第 34 条第 2 款规定，被告不提供或者无正当理由逾期提供证据，视为没有相应证据。但是，被诉行政行为涉及第三人合法权益，第三人提供证据的除外。第 37 条规定，原告可以提供证明行政行为违法的证据。原告提供的证据不成立的，不免除被告的举证责任。

比较这两条规定可以发现，原告举证不能或不利时，并不减轻被告的举证责任；而被告举证不能或不利时，却增加了第三人举证责任。如果第三人举证不能或不利，则要承担不利的法律后果。因此，第三人在行政诉讼中，具有从属于被告角色的补充举证义务。

### 3. 第三人举证责任以优势证据规则为评判标准

第三人一般不具有被告的行政优势，其举证能力需与其身份地位相匹配，也应与其补充举证地位相一致。就该案来讲，当政府不能提供金某申领土地证的申请和权属手续时，金某承接了政府的举证义务，但举证要求肯定与政府有区别。一是根据行政行为依赖保护原则，金某手中持有合法证书，即推定其曾经递交过相关手续。二是当举证责任转移到第三人金某身上时，其作为普通诉讼当事人，没有行政机关的优势地位，而根据行政机关优势地位预设的举证责任倒置规则就失去了基础。被告的完全举证责任，不能适用于第三人补充举证责任。三是根据第三人与原告身份平等原则，第三人举证的证据认定规则应当是公平原则标准，即优势证据规则标准，这样才具有平等性。

## 有效发现证据的途径

前面讲了如何打破对方的证据链问题，那是从已经出现的证据如何处理的角度讲的。办案中还有一个很重要的问题，就是如何发现证据。发现证据，从证据的客观性、合法性、关联性三性来讲，主要指的是关联性。这与发明证据不一样，发明是一个创新过程，被创作出来的证据是目的在先，作品在后，是目的引导下的证据，是主观见于客观，受唯心影响重，其客观性、合法性都容易出问题。但发现证据就不一样，发现是一个挖掘的过程，是对已经存在的证据进行揭露、识别，是证据在先，寻找在后，是对案件事实发生发展过程中自然形成材料的发现，是客观见于主观，具有唯物思想的证据，这样的证据一旦被发现就具很强的影响力。

**【案情回放】** 王某等人因讨要工程款未果，纠集多人将承建的某公司装修物毁坏，报警后双方达成了谅解赔偿协议，但因毁坏财物数额特别巨大，王某等人仍被以故意毁坏财物罪移送起诉。

这是一起常见的因暴力催债引发的刑事案件，往往是有理的债权人因采取了不合理手段而陷入吃官司的困境。

古人讲："得道多助"，有理就一定有办法。王某等人讨要工程款，则该公司就是赖账之人，只要从对方"赖账"入手，就可能发现证据证明事情发展到"王某纠集多人毁坏财物"是合理的。于是便与王某等人一一详谈。发现，王某并非个人承建工程，其原系某建筑分公司负责人；对方因无力支付工程款，主动将部分房产冲抵；后反悔，又擅自将已冲抵房产出租装修；

王某等人报警处理，但对方仍继续出租装修；王某等人受分公司指派遂强行阻止，并且毁坏数额是对方单方报价，实际很少。同时发现了王某的任职通知、以房抵工程款协议、房产交付凭证、报警记录等对应证据，恢复了案件真实面貌：这是一起单位维权行为，不宜认定为王某个人犯罪。

通过这个案件的证据发现过程可知，发现证据，要从事件本身入手。不能局限于办案机关已认定的案情，这些案情是被删减过的法律事实，其必然有所遗弃，而被遗弃部分则可能与司法机关的办案思路不相为伍，却对当事人极为有利。因此，办案之前，首先要跳出办案机关已经设定的办案方向，尽可能地从事件本身入手，还原整个案情，并在还原的案情中发现有利的证据。其次要有证据敏感性。证据敏感性其实就是证据的关联性，当事人叙述的每一个细节，你是否能与案件产生利害关系。这个敏感性，取决于对证据规则、对具体罪名的法律构成要件、对量刑因素的刑事政策的具体把握上是否准确。敏感不是偶成，敏感是你所掌握的法律知识与外界法律信息的触碰点之间的感觉度问题。法律知识理解越深越透，外界法律信息的触碰点就越多越灵，触碰就越自然越深刻。法律知识理解越肤浅局限，与外界法律信息的触碰点就越生涩越无缘。所以，笔者经常要求助理律师，在阅读案件材料或与当事人交谈时，如果某个材料点或某个谈话点让你有一种不正常的感觉，你就要停下来想想，为什么在这个点上有异样感。这样，往往能发现有价值的证据。

发现证据，当然也是一件很快乐的事情，是对旧的不利的法律事实的打破，是对新的有选择的法律事实的建立。从这个角度讲，发现证据与发明证据也存在共通之处。

## 打破对方证据链办法

证据链，就是用证据制造的链条，可将被证明的案件事实牢牢地锁在法庭之上。因此，如何打破对方的证据链就成了打赢官司的关键。

孙子说："知己知彼，百战不殆。"要打破对方精心打造的证据链，就必须知道证据链的主要特点，并分析它的优劣之处，进而设计精准打击的办法。

第一，从内容来看，证据链本质上仍是证据，是一个一个证据组合而成的证据集合。因此，证据链往大了说是一堆内容上相互关联的证据，往小了说就是一个大证据，里面由各种小证据作为组成部分。

第二，从结构来看，证据链形式上仍是一个锁链，是由单一证据通过链接而形成的一条锁链。因此，作为一个个子锁链的证据相互之间必须具有锁扣功能，没有一个证据独立存在于证据链之上，它必须被其他证据锁住并链接于其他证据之中。说通俗点，就是证据链中的证据，必须在证据内容上具有通气点，部分相互支撑又部分相对独立。

第三，从目标来看，证据链是为了证明某一事实而被组建，其链节点上的每一个证据都必须目标一致，也就是说单个证据的证明目标之间不能发生冲突，没有矛盾。

以上三个特点是证据链最主要的特点。根据这三个特点，我们可以找出证据链的优势与弱势在哪。

(1) 集体作战。一个证据不能形成锁链，至少要两个才能够称得上是证据链。所以证据链从功能上来讲，主要是为了

“打群架”来的，用集合的力量。这是它的一个显著优势。

（2）互相补台。单一的证据讲不了完整的故事，一个证据只能讲故事的一个方面，没讲到的部分就只能由另外的证据来补充，如此互相补台，才好把故事讲全讲到位。这是它的另一个显著优势。

（3）害怕孤独。单个证据不成链，反过来讲，证据链最害怕的就是被切割，而孤立的证据是实现不了证明整个案件目的的。

（4）各有私心。证据链要求的目标一致，但每一个证据又都是独立个体。独立个体当然也有独立的目标。在大目标与小目标之间，没有私心是不可能的。这也是集体主义与个人主义天然存在的矛盾。

想清楚了上面这些问题，打破证据链的方法就简单又精准了。

**方法一：**各个击破。从法庭举证质证的程序来讲，不管多大的证据链，都必须要一份一份地出示。因此，对证据链的打击，要从对每一个证据的打击入手，并且要毫不留情。打击单个证据的方法必须紧紧围绕着证据的三性：真实性、关联性、合法性。很多律师在法庭上不知道怎样来评价对方出示的证据，只会说这个证据不能采纳，那个证据不应采信。我们说司法人员要讲法言法语，就是要学会用法律中的法条和法理中的通说规则来讲道理。证据是一切能够证明案件事实的材料，证据需要符合三性。掌握了这两个方面，对单一证据的打击就有的放矢了。一般首先看真实性，第一手材料的真实性就比较高，不是第一手的，比如复印件，其真实性就打折扣。一个原则，只要不是原件就要怀疑真实性；即使是原件也要对比盖章和签字的形态，防止假冒证据出现。其次是看证据与案件事实的关联性，能说明案件事实的就是有关联性，不能说明案件事实的就没关联性。最后看证据怎么来的，一个证人是被通知来的还是没有任何手续就突然出现在法官面前的；一个书证没有说明是在哪发现的就突然出现在卷宗里面，等等，都说明证据的合法性有问题。通过这三条把证据与法律规定和法理规则两个方面都梳理一遍后，应该就能够发现证据链中的问题证据了。

**方法二：**发现矛盾。证据链的目标一致性要求单一证据之间不应存在矛盾，有矛盾就必然破坏了证据之间的一致性。如何发现矛盾，方法有两种：一种是找不同点。不同点表现在时间、地点、人物、内容上，要一一对比。办案人员也好，当事人也好，要完全在证据要素上形成绝对的一致是较困难的，想找到一个有差别的点，就要从证据三性上作定性、定量的解读，让对方无法自圆其说。另一种是找相同点。相同点表现在各证据内容上的不合常理的一致性。所谓不合常理的一致性，就是不同的证据出现了表述上的非正常的一致。这是因为证据被污染，或讯问、询问人员有意诱导。常见的是在刑事案件中，个别办案人员图省事，套用询问、讯问笔录，或有意在做笔录前向证人透漏案情，诱导证人按照自己的意图作证等。这样做的证据，表面一看完全一致，绝对没有问题。仔细一看，用词造句甚至语气都那么一致，就可以推断其是办案人员有意或故意要求这么做的。这样，通过证据的相同点就发现了可能存在的非法取证问题，就可以提出非法证据排除申请了。

**方法三：**合理怀疑。合理怀疑是从整体上打击证据链已经达到的证明高度，就是检查证据链锁住的事实是不是达到了百分之百的确信，没有的话就还存在不确定性。方法主要是运用证据的双面性来作扩大解释。我们喜欢讲辩证法，凡事都要从两面看，但证明方向必须是单一的。这样，我们在证据链的另一面找问题并提出合理的怀疑就行了。比如，证据链证明嫌疑人到过现场，它的反面就是没到过现场。如何怀疑没有到过现场，就必须利用事物的时空不可重复性来说明，要么能提供证据证明嫌疑人此时出现在其他某处，要么发现嫌疑人到达现场过程中的时空断点，发现证明的不连续性。

各个击破、发现矛盾、合理怀疑只是从大原则上用到的三个有效方法，实现从个体打击到个体间打击，再到整体打击的全覆盖，只要对方的证据链存在漏洞，基本都能达到打断证据链的效果。当然，证据的运用问题千人千面，方法也千奇百怪，文字所限就不一一列举了。

## 教你快速揭穿伪证

伪证，在当前司法活动中仍然存在，不仅是民事诉讼，在刑事诉讼当中也时常出现。因此，最高人民法院要求全国各级人民法院查处虚假诉讼，一经发现决不姑息。

**【案情回放 1】**唐某诉康某民间借贷纠纷。为了证明贷款利息，唐某向法庭提交了一份《借款总合同》。根据合同约定，康某应向唐某支付 3%的月息。但康某明确否认双方签订过这份《借款总合同》，虽然该合同上签字、签章均是真实的。康某说他之前签过一些空白的合同放在公司以备应急之用，唐某可能通过不正当手段获取了这些空白合同并制作了这份虚假证据。为此，法庭要求唐某具体陈述这份合同的签订细节，唐某坚称他是在康某办公室与康某同时签署这份合同的。抓住这一细节，康某向法庭申请对合同中签名文字进行形成时间鉴定。果然，经依法鉴定，唐某签名在康某签名之后，并非同时签名，充分证明了唐某当庭作了虚假陈述。这显然是一份唐某明知的伪证。

**【案情回放 2】**某法庭审理一起组织卖淫督办案件。为证明卖淫人员和非法获利情况，侦查机关提交了数十位涉嫌卖淫人员的服务项目统计清单，列明了每一位卖淫人员近十天的服务项目、服务数量和金额。因为这些清单是由会计签字从电脑中下载下来的数据，两次庭审中近十名律师都没有提出任何疑异。但在第三次开庭中发现，其中一份卖淫女十天的服务次数居然达到了 390 余次，也就是该卖淫女平均一天的服务次数高达 39 次，这是怎么也不可能的。进而又发现，平均一天服务次数高达 20 余次的人员不在少数，这也是不符合现实的。顺着这一发现，再看卷宗里的其他经营票据，竟然发现一些票据的时间是该经营场所被查封之后的。这些证据足以让人怀疑有人在上面动了手脚。这应当是个伪证。

揭穿伪造的证据，首先要有感觉。就是在阅卷过程中，在看某些证据材料的过程中，你可能会感觉哪不对劲，但又说不出来。这个时候你就要有所警觉，停下来好好看看这个证据。

其次，要会从证据的制作过程来联想。发现伪证问题不是件容易的事，基本方法是根据证据制作的时间过程一步一步地模拟制作，在头脑中把自己当作这个证据的制作人，自己动手一步一步地操作。这个操作不是粗略的，而是要注意操作过程中每一步会在最终形成的证据材料上留下什么痕迹，然后找到这个证据来对比，看是否有这样的痕迹存在。比如签字应当在纸背形成压痕、同一机器打印的着墨和纸张是同一质量的、手机或电脑自然生成的时间一般是不易造假的、模仿代签的笔迹连贯性总存在生硬处等。要把每一步操作动作可能留下的痕迹都伪造得完美，一般人是做不到的。所以，细心对比就会有收获。

再次，要用常识来对比。制假者往往顾此失彼，而真实形成的证据会在时间、空间、环境要素上彼此相关，没有矛盾。比如上述卖淫女的服务清单中，制作人可能想到的是一味刷高她们的服务数量金额，但没有从工作时间和需要休息的生理特征上考虑，所以留下了痕迹。用常识来对比，要求在阅卷中遇到时间、数字时要特别敏感，不要怕麻烦，精心计算核对，往往在简单的算数中能发现巨大的问题。

最后，要不断变换角度来看。人的思维在不同的时间段或站在不同角度是存在差异的，所以，对证据审查不要看一遍就了事，最简单的证据也要看两遍以上，往往简单的证据中存在的错误信号更强烈。比如，在上述组织卖淫案件中有两份《扣押物品清单》，这种扣押清单一般人员是不会注意细看的，但有一份清单的制作年月的签字上，2018 年的 8 显然是从 9 改过来的。结合一般人只会把过去的年份写错而不会把将来的年份写错的经验，有理由怀疑这是事后制作的清单，而如果这个清单系伪造，则清单记载的相关内容就可能不实，这是对全案事实有重大影响的问题。因此，在对证据的审查过程中，简单证据也要认真审查。

有人说，现在办案已进入了电子证据时代，仍研究类似于福尔摩斯办案的发现方法似乎已经过时。但在类似伪证隔三差五总能被发现的现实情况下，这个问题还是有必要的。作为办案人员，我们仍要训练揭穿伪证的方法手段，同时也希望立法进一步强化打击伪证制作人的严厉措施。否则，制造伪证的现象就会屡禁不止。

## 巧用对方证据反击对方主张

打官司离不开证据。“谁主张，谁举证”讲的就是为了证明自己的主张而必须自己向法庭提供证据的道理。但如果自己提供的证据不但没有证明自己的主张，反而被对方拿去证明对方的观点，那这个官司就打得有“水准”了。

**【案情回放】**某甲乘坐出租车出行，下车后被司机叫住，说其下车时解除保险带的方式不当，致使保险带扣停留在车门边缘刺破车门内饰，司机要求赔偿。某甲感到蹊跷，自己下车时并没有异样感觉，但观察车门内饰确有被刺痕迹。为了息事宁人，某甲同意赔偿2000元和解。但司机不同意，最后起诉到法院。调查中，司机向法院提交了保险带扣均无质量问题的《质检报告》，以此证明车门损坏系某甲使用不当所致。质证中，代理人感到：若保险带扣没有质量问题，则在正常使用情况下应伸缩适当，不可能停留在车门边框并刺破内饰。也就是说，只有在保险带扣质量不正常的情况下才有可能出现停留在车门边缘的情况。法官听取意见后，与司机三方一同对保险带扣进行了现场使用实验，实验证明在正常情况下保险带扣确实不能停留在车门边缘，遂判决司机败诉。

一起明显有利的官司，却因为自己的证据否认了自己的观点而败诉。

这个案子给我们一个深刻的教训，即要认真研判每一份证据的证明方向。我们常说：“证据是死的，证明是活的”，讲的就是证据的证明方向具有灵活性，或者称为主观性。一份证据，不管是书证，还是物证，从载体内容来讲，或从载体本身来讲，它就是它，它就是包含在证据自身的所在。比如，一把行凶刀具，在你讲出它的证明内容前，刀具仅为刀具，它客观存在但不会主动说话。让证据说话，就是让证据来证明你的主张，但真正说话的不是证据，而是使用证据的法官或者当事人。从这个角度讲，让证据说话的真实情况是当事人借证据说出了自己的主张。证据说的话就是你自己的话，不过是找了一个证据的托词而已。

既然证据自己不会说话，证据只是被他人利用来说他人的话，则如何让证据为自己说话就成了打官司的真正技巧。一把行凶刀具，如果它是普通刀具，则行凶者一般是临时起意；如果它是管制刀具，则行凶者一般应为预谋行凶；如果是锋利刀具，则置人于死地的愿望相对强烈；如果是迟钝刀具，则过失的可能性应该存在。

所以，我们在说打官司就是打证据的同时，一定要学会辨别证据的证明方向，不要等到上了法庭，才发现自己提供的证据却在帮对方说话。法庭上靠的是证据，但辩的是技巧。那些拿着有理的证据，却打不赢官司的闹剧，在我们身边天天都有，常常让人啼笑皆非。

# 四、辩护之准绳：法律解读

## 法官与律师关系的制度分析

从法官与律师关系的角度看，当前一些律师与法官制度之间确实出现了一些不和谐现象，如何进一步构建法官与律师和谐关系的制度问题已经成了影响当前司法公信力的一个重要因素。

### 一、法官与律师制度的社会定位

在社会从低级向高级发展的进程中，制度是最具人类文化特点的发明。一项制度一旦被确立，不管人的生老病死如何循环，制度都发挥着应有的作用，推动着制度设计的目标不断前进，使人的主观能动性最终被一个个制度所代替，并在制度中找到相互关系的本来面目。因此，分析法官与律师关系的起点，必须从制度着手，对制度在社会生活中的定位进行客观分析。

#### （一）法官制度的社会定位

我国《法官法》第 2 条规定：法官是依法行使国家审判权的审判人员。从这个制度规定来看，法官首先是一个居中裁判者。法官行使着国家审判权，对控辩双方保持着同等的距离，决定着公民的财产、自由和生命，关系着社会的稳定以及国家政权的巩固。因此，法官必须以正义为追求目标，维护着社会正义的最后一道防线。法官公平、公正地适用法律、维护社会正义是法治所蕴含的深刻理念和法官应然角色扮演的定位点。因而，法官的居中裁判行为必须是非经济利益的。法官行使审判权不应该有利益涉入，在处理各种利益之争时保持对利益的超然和淡定。否则，就可能导致以“利益驱动”代替“公正驱动”。

因此，法官应当具有超然的社会定位，这种超然性表现在其作为裁判者的中立性、公正性和非利己性。在这种制度的构建下，法官要有国家权力作为背景支持，要有法律知识作为能力支持，要有品德作为信用支持，从而被整个社会组织和个人信服。从这个角度来讲，法官首先是政治性的，其次才是社会性的。

（二）律师制度的社会定位

我国《律师法》第 2 条规定：律师，是指依法取得律师执业证书，接受委托或者指定，为当事人提供法律服务的执业人员。因此，律师首先是一种社会性职业。律师根据社会组织或公民的委托或指定，运用自己所掌握的法律技能，维护当事人的合法权益。从这点可以看出，律师并不像法官一样，具有居中的位置。律师从其提供法律服务的作用来看，必须具有明确的站立方向，为着诉讼一方的利益而发挥作用。同时，律师在为当事人提供法律服务的当下，也为自己创造经济利益。律师以提供法律知识和诉讼技能为服务手段以获取生存条件。在律师与当事人之间存着一种委托与被委托的合同关系。作为受委托一方，律师又具有独立的法律地位，在身份和作用上均具有其独立特征，为当事人利益的实现独立地发挥本业务技能优势。

因此，律师作为一个社会服务执业群体，以权利为其执业支撑，以法律技能为其执业依靠，以谋求自身利益为其执业驱动。这些特点，从制度上来讲，律师是社会性的，而非政治性的。

## 二、法官与律师制度的异同分析

通过法官与律师制度的社会定位分析可以看出，在律师与法官之间，存在着明确的界限，也存在一些在形式和内容上交叉的共同点。

### （一）法官与律师制度的不同点分析

#### 1. 法官与律师制度的出发点不同

法官代表国家权力机关，依法解决诉讼争端，修复被破坏的社会关系，而律师受当事人委托，代表当事人参加诉讼，维护当事人的合法权益。因此，法官代表的是正义的化身，律师代表的是追求正义的化身。从这个角度讲，是法官制度衍生了律师制度，律师制度依附于法官制度。

#### 2. 法官与律师制度的落脚点不同

法官以国家审判权为权力来源，其落脚点在于实现统治阶级的政治利益，而律师以当事人委托为权利来源，基于当事人诉讼主体地位的代表性，用自身专业技能为当事人及律师本人谋求最大利益。因此，律师的身份更多属于社会化的地位，政治性的要求对律师来讲，也必须在法律强制性规则范围内才有义务遵守，这使律师的社会目的具有多样性。而法官的政治目的是单一性的。当以多样性对单一性时，在法官与律师的关系当中，律师必须紧紧围绕着法官进行思考；当以单一性对多样性时，在法官与律师的换位思考中，法官必须适应律师的变化，而非律师适应法官的要求。

3. 法官与律师制度的利益性不同

法官不能以自己的利益作为审判权运作的落脚点，而必须站在公共利益的基础上，居中公平正义地进行裁决。律师却会因为生存的需要，站在自己利益上考虑当事人委托事项的法律依据，并充分运用法律规则留下的空间，引导法官作出有利于己方的裁判。因此，当法官在自由裁量的权力范围内，就可能脱离了公共利益需要的强制约束，给律师寻找权力留下的可操作的空间。这一点也是律师与法官关系复杂化的主要根源。

（二）法官与律师制度之间的交叉点分析

法官与律师制度在诉讼这一过程中存在着几个明显的交叉点。

1. 法官与律师在同一个诉讼制度范畴内共同存在

从诉讼制度上讲，法官与律师都是诉讼制度内的固有的独立角色。律师代表诉讼一方，寻找法官支持以维护当事人的合法权益，同时谋求自身的经济利益。法官根据诉讼各方的证据和法律规定，对诉讼标的进行公平正义的裁判，以解决纠纷、修复被破坏的社会关系。因此，在同一个诉讼平台上，法官与律师具有了交流的共同话题，并且在这个平台上，无法避免地进行着法律观点的交流。这就是法官与律师有着天然的“血缘”关系的“血缘”连接点。

2. 法官与律师在同一个法律职业的背景下共同存在

有人认为，当一个群体或社会以法律为其联结纽带或生活表现时，就可称其为法律共同体，主要由法官、律师、检察官、法学学者构成。这四类人基本上主持着法律的运行和循环，并且是法治理念和法律精神的主要载体。法官与律师作为法律共同体中的两个主要组成部分，不但在学习法律技能之初，存在着同学、师生、校友的共同关系，而且在同一个法律语境下，具有交流的通用术语。这就是法官与律师有着天然“血缘”关系的另一个连接点。

## 三、构建法官与律师关系的制度要求

从上面对法官与律师制度及制度关系的分析可以看出，法官与律师的关系问题，不能简单地看作隔离或疏堵的关系，既要把他们放在整个社会大环境下去分析，也要把他们放在法律职业体这个小环境下去研究，从社会人与法律人的多维度来进行制度设计。

### （一）加强司法权独立行使的构建

法官与律师的关系，一方面因为法官不能完全独立办案留下了影响法官裁判的关系后门；另一方面，律师因司法权的不独立行使，担心这个影响法官裁判的后门被他人掌握，也无法完全集中精力依靠法律水平办案。建立司法独立制度是解决法官与律师关系问题的关键。独立的司法加大了法官与律师制度之间的沟隙，同时也减弱了他们之间的“血缘”关系，使法官与律师回归到合理的诉讼平台上来，以职业共同体的连接点，实现法官政治追求与律师社会追求的有机统一。

### （二）建立法官与律师“血缘”关系的电子档案和回避审查制度

利用现代科学技术，建立法官与律师之间是否存在同学、师生、亲属等“血缘”关系的电子档案，一是在分配案件审判过程中自动进行回避；二是在出现“血缘”关系的情况下，提示法官主动说明情况，并决定是否需要回避。从源头上避免法官与律师关系在诉讼过程中发生不良现象。

（三）完善法官与律师交流的诉讼平台

法官与律师的关系出现问题，往往是由于缺失律师向法官交流的诉讼平台。由于案件数量过多，法官忙于应对，没有更多的时间听取律师的意见，而律师由于联系法官不畅，法律意见没有办法转达给法官。法官与律师之间出现了交流上的不足和理解上的困难，进而影响了法官与律师的正当关系。因此，要在法官与律师之间建立起一个可以随时交流的诉讼平台。法官可以在上面释法明理、提出要求，律师可以在上面发表意见、提出看法。一是提高办案效率；二是加强了双方的沟通理解，共同促进司法公正。

（四）规定法官的办案数量和审案时间

现在有些法院的法官案子越办越多，一些经济发达地区的法官一年甚至要办理二三百件案子，这样的审判能保证质量吗？这样的法官能有时间和办案律师认真交流吗？这是法官无法与律师交流沟通的另一个制度问题。要尊重客观规律，一个法官不是案子办得越多越好，必须留些时间，让法官与律师有充分的交流，应从制度上限制法官的办案数量和办案时间。

当然，完善法官与律师关系的制度还有很多，比如保障律师的诉讼权利、建立律师执业的保障制度、完善法官与律师不正当关系的监督制度等，都是我国法官与律师关系需改进和完善的地方。

# 特赦：赦罪与赦刑

没有恩赦的法律是不道德的。

新华社电讯，为纪念中国人民抗日战争暨世界反法西斯战争胜利70周年，全国共特赦释放了31 527名罪犯，包括参加过中国人民抗日战争、中国人民解放战争的罪犯50人；中华人民共和国成立以后，参加过保卫国家主权、安全和领土完整对外作战的罪犯1428人；年满75周岁、身体严重残疾且生活不能自理的罪犯122人；犯罪时不满18周岁，被判处3年以下有期徒刑或者剩余刑期在1年以下的罪犯29 927人。这充分体现了我国开放、民主、文明、法治的大国形象，具有重大的现实意义和深远的历史意义。但是，这些被特赦的罪犯，赦的是罪，还是刑，可能要具体情况具体分析。

在我国，特赦制度是一项宪法权力。《宪法》规定，全国人大常委会决定特赦，国家主席发布特赦令。但如何实施特赦，特赦犯在法律上如何评价，到目前仍然是一个有争议的问题。

中华人民共和国首次特赦发生在1956年4月，最高人民检察院根据全国人大常委会《关于处理在押日本侵略中国战争中战争犯罪分子的决定》规定，“对于次要的或者悔罪表现较好的日本战争犯罪分子，可以从宽处理，免予起诉”，并先后三次“免予起诉并立即释放”了1017名日本战犯。但这次赦免是以“免予起诉”的名义实施的，还不是完整意义上的特赦。1959年9月，全国人大常委会作出的《关于特赦确实改恶从善的罪犯的决定》首次以特赦的名义赦免罪犯，后又分别于1960年11月、1961年12月、1963年3月、1964年12月、1966年3月，五次通过了“关于特赦确实改恶从善的蒋介石集团和伪满洲国的战争罪犯的决定”，1975 年 3 月又通过了《关于特赦释放全部在押战争罪犯的决定》，加上这次特赦决定，我国一共实施了八次完整意义上的特赦决定。

那么，特赦的行为在法律上如何评价呢？在《特赦法》没有出台之前，只能通过特赦人员的法律待遇来推知。一是《刑法》第 65 条关于一般累犯的规定指出：“被判处有期徒刑以上刑罚的犯罪分子，刑罚执行完毕或者赦免以后，在五年内再犯应当判处有期徒刑以上刑罚之罪的，是累犯。”第 66 条关于特别累犯的规定指出：“危害国家安全犯罪、恐怖活动犯罪、黑社会性质的组织犯罪的犯罪分子，在刑罚执行完毕或者赦免以后，在任何时候再犯上述任一类罪的，都以累犯论处。”从这两条规定来看，被赦免的犯罪分子，仍然是有罪之身，也就是说，这里赦免的只包括刑，而不包括罪。二是《刑事诉讼法》第 16 条规定：“有下列情形之一的，不追究刑事责任，已经追究的，应当撤销案件，或者不起诉，或者终止审理，或者宣告无罪”，“下列情形”第三种是“经特赦令免除刑罚的”。也就是说，特赦的法律后果有三种，“或者不起诉，或者终止审理，或者宣告无罪”，无罪当然是不以犯罪论了。在这里，特赦既能免刑，又能免罪。所以我们说特赦并不只有一个模型，要根据具体情况具体分析。相信在这次特赦后，特赦的法律问题会越来越受到关注，并推动具有中国特色的《特赦法》尽早出台。

# 网络红包的法律分析

2017年春晚“网络红包”掀起的一场全民网络红包运动，算是给新年带来一些喜庆。小小红包一时成了亲朋好友、同学同事、网友相互交流的重要手段，承载了数亿人民的利益和机会，也成了一个重要的社会因子。那么，网络红包在法律上应该如何评价呢？下面，试根据参与红包运行的实践，作个简要分析，纯属笔者个人观点。

## 一、网络红包是一种网络货币账户

每一个网络红包，或存在于用户账户之内，或根据用户需要单独设立。不管是哪种方式，网络红包包的都是钱（货币），进行的都是给钱与收钱的活动。所以，每一个网络红包都是用户在网络上注册的一个货币账户。

## 二、网络红包也是一种网络支付工具

捆绑银行卡后，网络红包的收支，就与银行卡产生了直接联系。从这个角度讲，红包是载体，是形式；货币是被载体，是内容。网络红包的传递，就是货币在不同用户之间的转移。因此，网络红包就其实质来说，是一种货币转移支付工具。

## 三、网络平台与红包用户之间是一种委托管理法律关系

一个网络平台可以是一个总账户，但每一个红包用户根据申请被分配一个分账户。这个分账户虽然不必对应具体货币，但必须对应一定数量的种类货币。用户从银行卡中将钱打入红

包账户，平台接收用户打入的红包资金，这一出一入，即产生一种委托管理法律关系。平台根据用户需要，管理用户打入红包账户内的资金；用户根据需要，向平台发出指令使用红包资金。

可能有人不同意这种观点。认为用户将资金打入平台，是一种购买服务行为，购买的是平台为其运行红包的服务行为。这个说法目前没有明示的合同约定，从平台与用户所处的不同法律地位来讲，靠推定很难成立。因为，用户网络红包内的资金仍归用户所有，这是事实。

## 四、平台使用网络红包内资金必须经用户授权

这是委托管理法律关系的应有之义。没有法律规定，或没有用户授权，平台不得在委托事项外使用红包内的资金。如果网络平台未经授权而使用了用户网络红包内的资金，根据情节，就有可能涉嫌非法挪用资金犯罪。这点可能是红包法律关系中最要命的一条，也许网络平台不这么认为。一个成熟的企业经营策划时，要能准确预见可能存在的法律风险。

## 五、网络红包资金收益权归红包用户

这是合法财产孳息的法律特性。同样，如果网络平台明知有孳息产生而故意不归还用户，当数额达到一定标准的时候，又可能涉嫌非法占有犯罪。

总之，网络红包一方面给我们带来了极大的方便和乐趣；另一方面，由于其中存在的巨大利益和机会，如何在法律框架内推动网络红包运行是一个值得思考的新问题。

## 婚姻财产问题的法律干货

婚姻纠纷官司，打到最后基本都是财产问题。之前大家财产都不多，房价也没有那么高，争议标的也大不到哪去。但现在一套房子动不动就是几百万，随便差一点都是十来万的巨差。所以，对婚姻财产问题的掌握就是每个法律人必须具备的基本功。

第一，意思自治。婚姻财产问题首先尊重双方意愿，由双方协议。协议不成才由法院根据财产的具体情况，按照顾子女和女方权益的原则判决。

第二，推定共同财产制度。除法律规定或双方约定外，婚姻期间的财产都是共同财产。

第三，法定一方财产。包括：

（1）婚前个人财产，不因婚姻关系延续而转化为共同财产，但个人财产在婚后产生收益的，除孳息和自然增值外，应认定为共同财产。

（2）一方因伤害而获得的医疗费、残疾人生活补助费等费用。

（3）军人的伤亡保险金、伤残补助金、医药生活补助费；发放到军人名下的复员费、自主择业费等一次性费用（扣除夫妻关系存续年限乘以年平均值的部分）。

（4）遗嘱或赠与合同中确定只归一方的财产。

（5）尚未退休、不符合领取养老保险金条件的，养老保险金不能按夫妻共同财产分割，但以夫妻共同财产缴付养老保险费的，离婚时养老金账户中个人实际缴付的部分属夫妻共同财产。

（6）一方专用的生活用品。

第四，彩礼应当返还。没有登记结婚就分手的，应当返还；登记结婚但没有共同生活的，或因婚前给付彩礼导致给付人生活困难的，在离婚时应返还。

第五，房产的特别规定。包括：

（1）以共同财产购买的房产，虽登记在一方名下，仍属共同财产。

（2）离婚时未取得或未完全取得所有权的房产，双方协议不成，根据情况先由当事人使用，待取得完全产权后再处理。

（3）婚前由父母出资购房的，除明确表示赠与双方的外，该出资为父母对自己子女的个人赠与；婚后父母出资购房的，除明确表示赠与一方的外，该出资为父母对夫妻双方的赠与；双方父母共同出资购房，产权登记在一方子女名下的，应按双方父母的出资份额按份共有；婚姻期间，双方共同购买一方父母名下的房改房的，产权登记在一方父母名下时，不能按共同财产分割该房屋，购房时的出资作为债权处理。

（4）一方婚前签订买房合同、以个人财产首付并在银行贷款、婚后用夫妻共同财产还贷、房屋登记在首付人名下的，产权由双方协商，协商不成的，产权归登记一方，尚未归还的贷款为登记一方的个人债务，共同还贷部分和相应财产增值部分，由登记一方对另一方进行补偿。

（5）一方将房产赠与另一方的，在房产过户前可以反悔，过户后不能反悔。

（6）一方擅自处分共同共有的房屋造成另一方损失的，要赔偿。

第六，帮助义务和赔偿责任。离婚时，一方生活困难，另一方应从其住房等个人财产中给予适当帮助；因一方过错导致离婚的，无过错方有权请求损害赔偿。

第七，债务和未处理的财产：

（1）婚后家庭共同生活的债务，是夫妻共同债务。

（2）第三人知道夫妻所得财产归各自所有的，一方对外所负的债务由个人清偿。

（3）离婚后，发现还有财产未分割，可以请求分割。

# 法定坦白情节的司法要素

《刑法修正案（八）》首次规定了具体的坦白制度，将“坦白从宽”刑事政策上升为法定量刑情节，是我国司法人权保障的又一重大进步，具有重要的法治意义。从修正案规定的具体内容来看，“犯罪嫌疑人虽不具有前两款规定的自首情节，但是如实供述自己罪行的”，构成坦白，可以从轻处罚。因其如实供述自己罪行，避免特别严重后果发生的，也可以减轻处罚。因此，《刑法修正案（八）》规定的坦白情节既区别于非犯罪嫌疑人的如实供述情节，又区别于自首情形下的如实供述情节，是一个附排除条件的限制性法律解释，与我们原来司法实践中一直作为酌定量刑情节适用的坦白从宽刑事政策有着明显的不同，也未将所有可能构成坦白的情形都纳入其中。例如在刑事自诉案件中，被告人在庭审前主动向法庭如实供述自己罪行的坦白行为，就不属于法定坦白范围。因此，将《刑法修正案（八）》规定的坦白情节亦称为“法定坦白”，以区别于仍作为酌定情节适用的坦白从宽刑事政策。正是由于法定坦白情节与一般坦白刑事政策存在明显的区别，在修正案出台后的一年多时间里，许多司法工作者和法学研究者本着社会主义司法理念和精神，对法定坦白情节进行了多视角的分析研究，并形成了一些有分量的研究成果。如最高人民法院研究室和最高人民法院“刑法、刑事诉讼法”修改工作小组办公室编著的《〈刑法修正案（八）〉条文及配套司法解释理解与适用》，对坦白情节立法情况及具体适用进行了比较全面的权威分析，指导意义重大。[1] 北京师范大学法学院的王志祥教授、段凰博士撰写的《坦白从宽制度入刑的思考》，从制度发生背景入手，对坦白制度的内涵及入刑问题进行了深入的思考，具有一定的开拓性。[2]上海市第二中级人民法院的黄柏青针对《刑法修正案（八）》实施以来，法定坦白制度在司法实践中出现的问题情况进行了实证梳理，具有很强的现实性。[3]但人民法院如何在办案实践审查、评价和适用法定坦白情节的问题仍然没有得到圆满解决，且在有关司法解释还没有出台的情况下，这些问题的研究具有一定的必要性和紧迫性。

## 一、法定坦白情节的构成要素

根据《刑法修正案（八）》增加的《刑法》第 67 条第 3 款的规定，法定坦白是指犯罪嫌疑人在非自首情形下如实供述自己罪行的行为。从这一文字的书面意义来看，法定坦白情节应当具有以下三个特点：

（1）坦白行为主体只能是犯罪嫌疑人；

（2）坦白行为内容是如实供述自己的罪行；

（3）坦白行为不被包含于自首情节之中，包括一般自首和以自首论的两种情况。

对这三个特点进一步分析我们便可以发现，法定坦白问题既涉及刑事程序法问题，又涉及刑事实体法问题，具有如下几

〔1〕 张军主编：《〈刑法修正案（八）〉条文及配套司法解释理解与适用》，人民法院出版社 2011 年版。

〔2〕 王志祥、段凰："坦白从宽制度入刑的思考"，载《刑法论丛》2012 年第 2 期，第 254 页。

〔3〕 黄伯青："坦白在实践中的若干问题及应对"，载《人民法院报》2011 年 9 月 14 日。

个明显的构成要素。

（一）法定坦白只发生在特定的诉讼阶段

根据刑事诉讼法，犯罪分子在刑事诉讼过程中的称谓根据诉讼阶段的不同而不同。在同一案件当中，犯罪嫌疑人是指犯罪分子处于侦查和移送起诉两个阶段时期的称谓；案件被提起公诉进入开庭审理阶段后，犯罪分子就被称为被告人；判决生效后，犯罪分子就被称为罪犯。因而，在犯罪分子没有被侦查机关确认为嫌疑对象或已经被公诉机关和自诉案件的原告人向法院提起刑事诉讼的，虽然也可能存在如实供述自己罪行的情形，但因不具有犯罪嫌疑人身份，不能构成法定的坦白情节。《刑法修正案（八）》的这一规定，确实限制了法定坦白的适用范围，但是与坦白行为的自身特点和刑事诉讼各环节内容是一致的，具有其合理性。因为，坦白行为的本质是坦白行为人先于被坦白行为对象的一种坦诚表白行为。如果办案人员已经将犯罪嫌疑人的犯罪行为或证明犯罪的主要证据告知或向其展示后，犯罪嫌疑人再行供述的，只能属于对犯罪行为的一种确认或辩护，而不能成立坦白。而在案件向法院提起诉讼后，犯罪嫌疑人就会收到公诉机关的起诉文书，并全面了解自己被提起公诉的罪行。因此，坦白行为主体只能在犯罪嫌疑人这一特定诉讼阶段是与我国刑事诉讼制度相一致的。

当然，在一定条件下，也可能会出现一名犯罪分子在同一时间处于多个诉讼阶段的情形发生。这时，该犯罪分子就可能同时具有多个诉讼称谓。如一人犯数罪时，由于其他原因致使一个罪行被先行起诉，而其余犯罪仍需要进一步侦查和审查起诉。此时对已经起诉的犯罪来讲，该犯罪分子处于法院审理阶段时被称为被告人，对未起诉的犯罪来讲，该犯罪分子仍被称为犯罪嫌疑人。所以，对已经起诉的罪行来讲就不再有法定坦白的机会，但对未起诉的犯罪来讲仍存在法定坦白的机会。但是有一种情况是例外的，就是当发现起诉的犯罪存在余罪的情况时，一般要退回补充侦查。此时，犯罪分子的身份又得到回转，对余罪仍具有犯罪嫌疑人身份并具有法定坦白的机会。不过，将诉讼程序作为一个整体来看，任何一个法定坦白行为只能发生在与这个诉讼程序相对应的犯罪嫌疑人身上，这是肯定的。

### （二）犯罪嫌疑人必须是被动到案

根据《刑法修正案（八）》，犯罪嫌疑人虽不具有《刑法》第67条前两款规定的自首情节，但是如实供述自己罪行的是法定坦白，如果犯罪嫌疑人是主动到案后如实供述自己罪行的，那就是典型的自首行为。可见，法定坦白的犯罪嫌疑人必须是被动到案，而且这里的被动到案的认定应当采取排除属于自首内容的反证法来认定，即不属于自首要求的主动投案的就是法定坦白情节要求的被动投案。因此，根据最高人民法院《关于处理自首和立功若干具体问题的意见》，对不属于该意见所列举的五种主动投案情形的犯罪嫌疑人，都应当认定为是被动到案，并有可能构成法定坦白情节（因为被动到案但如实供述了司法机关还未掌握的本人其他罪行的，是以自首论）。

### （三）如实供述行为必须在司法机关向犯罪嫌疑人告示案情或出示相关证据之前完成

如前所述，坦白行为作为坦白行为人先于被坦白行为对象的一种坦诚表白行为，在坦白行为对象即司法机关将犯罪嫌疑人的犯罪行为或证明犯罪的主要证据告知或向其展示后，犯罪嫌疑人就将失去法定坦白供述的机会。在这种情形下，犯罪嫌疑人再对自己的罪行进行如实供述只能属于对司法机关指控罪行的确认或辩护，不能成立法定坦白。因此，犯罪嫌疑人通过办案机关了解到自己的罪行的时间就是其是否还有机会进行法定坦白的时间节点。过了这个点法定坦白的机会就会丧失。这是法定坦白情节与“坦白从宽”刑事政策有所区别的根本所在。

坦白从宽刑事政策是从革命战争年代发展起来的一项刑事司法政策，一直沿用至今并在一些刑事立法和司法解释及司法文件中得到了体现。〔1〕但坦白从宽刑事政策的具体内容一直以来都没有一个具体的认定标准，造成司法实践中出现将坦白政策与自愿认罪等同化的观点，认为坦白和自认（自愿认罪）在本质上是一致的，并认为自认是坦白的法律化，坦白是自认的政策原型。〔2〕甚至有学者认为被告人在法庭审理中如实交代其所犯罪行的行为也构成坦白。〔3〕造成坦白从宽刑事政策的适用随意性很大以至于走向了刑事政策的反面，损害了刑事政策的有效性。

法定坦白情节将其时间节点设定在司法机关向犯罪嫌疑人告示案情或出示相关证据之前，是对坦白实质内容的正确把握，使坦白情节更合理也更能发挥其功能作用。也正因此，最高人民法院研究室和最高人民法院“刑法、刑事诉讼法”修改工作小组办公室也认为：“在司法机关已经掌握主要犯罪事实，并且向其出示相关证据后，才不得不供述自己罪行的，不应认定坦白。”〔4〕这与坦白具有加快破案进度、节约司法资源、提高诉

〔1〕 如1952年4月18日中央人民政府（现国务院）公布的《惩治贪污条例》（已失效）第5条规定的量刑情节中包括“被发觉后彻底坦白”；1982年3月全国人大常务委员会颁布的《关于严惩严重破坏经济的罪犯的决定》规定包括“已被逮捕而如实地坦白承认全部罪行”情节。

〔2〕 姚显森：“为坦白从宽正名”，载《法制与经济》2007年第9X期，第41页。

〔3〕 龙宗智：“论坦白从宽”，载《法学研究》1998年第1期，第47页。

〔4〕 张军主编：《〈刑法修正案（八）〉条文及配套司法解释理解与适用》，人民法院出版社2011年版，第84页。

讼效率的价值和功能要求是一致的。

### （四）如实供述自己罪行必须与司法机关掌握的线索所针对的罪名相一致

根据《刑法》第 67 条第 2 款规定，被采取强制措施的犯罪嫌疑人、被告人和正在服刑的罪犯，如实供述司法机关还未掌握的本人其他罪行的，以自首论。又根据《关于处理自首和立功若干具体问题的意见》，“本人其他罪行”是指与司法机关已掌握的或者判决确定的罪行属不同种罪行，其判断的标准一般以罪名区分。因此，法定坦白的罪行只能与司法机关掌握的线索所针对的罪名相一致，否则就可能成立特别自首，而不是法定坦白情节。当然，如果坦白的内容虽然与该线索所针对的罪名相一致，但最后仅有坦白的罪行成立犯罪的，也以自首论，不是法定坦白。

### （五）必须如实供述自己的主要犯罪事实

这一点与目前关于自首的判断标准有两个观点需要更新。

#### 1. 不能要求犯罪嫌疑人如实供述的同时认识到自己行为的有罪性

自首作为自己揭告有罪，当然要求自首者认识到自己犯罪行为的有罪性。而法定坦白人都是被动归案，特别是在一些新型的案情中，由于案件事实的法律性质以及一般民众的法律知识难以达到正确认知行为的犯罪性质，犯罪嫌疑人被动到案后，根据司法人员的要求如实供述，一般都会同时认罪。但由于一般公民法律知识的欠缺或对法律现象认识的不同，一些犯罪嫌疑人在如实完成供述内容后，可能会做一些无罪辩解这是可以理解的，不影响法定坦白的认定。因为法定坦白中规定的如实供述自己“罪行”，从有利于被告人的原则来讲，应当理解为供述自己的“犯罪行为”，而不能理解为供述自己“有罪”和“犯罪行为”两方面。另外，从法定坦白所处的诉讼阶段来看，犯罪嫌疑人供述的犯罪事实只是涉嫌犯罪，甚至有些供述的事实并不构成犯罪而被当作犯罪来对待。因此，从法定坦白所处的诉讼阶段和具有的价值和效果来看，只要犯罪嫌疑人如实供述了自己的主要犯罪事实就基本满足了法定坦白的要求，对于有罪与否的认定，会在以后的诉讼过程中进行。

2. 提起公诉后的翻供并不必然否定起诉前的如实供述

前面论述已经知道，法定坦白只能由特定诉讼阶段下的犯罪嫌疑人作出，也就是说在案件提起公诉前，法定坦白已经完成了。这里的完成包括坦白行为的完成和坦白效果的完成。比如，因为犯罪嫌疑人的如实供述，为侦破案件提供了有价值的线索，或避免了重大犯罪后果的发生，大大节省了诉讼资源等。这些都是犯罪嫌疑人的坦白行为带来的实际效果，并不因为案件进入审判程序而消失。因此，不能说被告人在法庭上翻供就否认其在侦查起诉阶段进行的坦白和因此而产生的效果影响。在法庭上的翻供行为，从刑罚的预防根据来讲，只是说明被告人的悔罪态度和主观恶性即再犯可能性是否降低的问题。司法解释将被告人的翻供作为否定自首的原因，主要是从自首本身有认罪的含义在内。而作为归案后的坦白行为，从时间的不可逆转性来讲，即使在形式上否定了坦白的认定，但犯罪嫌疑人曾经做出的坦白行为在量刑上仍应得到正当的评价。

## 二、法定坦白情节的评价要素

我们知道，某一情节之所以被选择为量刑情节，是因为这种选择符合了刑罚根据的要求。离开刑罚根据的约束，量刑情节就失去了影响刑罚裁判的正当理由。同时，因为时代的发展变化，量刑情节的内容具有鲜明的时代性，要求量刑情节在刑罚根据的演变之中，必须紧随刑罚根据的需要或出现或消失。法定坦白情节正是符合了当前时代需要的刑罚根据要求，才由坦白刑事政策上升为法律的具体规则。因此，研究法定坦白情节的评价要素，必然要在法定坦白情节与刑罚根据相关联的要素中进行。

（一）坦白时机

坦白时机是犯罪分子如实供述自己罪行的机会选择。从行为心理学角度来讲，犯罪分子将自己的罪过行为坦诚地向办案人员交代，说明其已经开始在对自己的过错行为进行检讨和反悔了，这种检讨和反悔，反映在刑罚裁判的特殊预防目的中，就是犯罪分子再犯可能性的减小，反映在刑罚裁判的一般预防目的中，就是其人身危险性程度的降低。另外，从办案效率来看，犯罪分子越早坦白，对案件的办理就越有利，特别是对一些多人共同犯罪的大案要案，及时的坦白行为往往对案件的突破会起到关键性的作用。因此，坦白时机越靠前，其影响量刑的作用就越积极，坦白时机越靠后，其影响量刑的作用就越微薄。

（二）坦白态度

坦白态度是指犯罪嫌疑人如实供述自己罪行的主动性和稳定性。在以往的司法实践中，一些犯罪分子心怀侥幸，侦查机关不出示证据就不交代，侦查机关出示多少证据就交代多少，明显违背了坦白从宽刑事政策的价值和功能。为此，我们要求坦白必须在司法机关还未向犯罪嫌疑人告示案情和出示证据之前完成，既是对犯罪分子试图避重就轻、负隅顽抗心理的一种有效威慑，也是对坦白刑事政策被滥用的一种纠正，促使犯罪分子在归案后积极主动地如实供述、真诚悔罪。因此，犯罪分子被动归案后，是马上交代，还是经过一段时间的教育和政策攻心或者出示一些暗示性证据后才交代，不仅说明了犯罪分子对自己所犯罪行悔悟的早晚，也反映出其人身危险性程度的大小，这些都是适用法定坦白情节时必须考虑的因素。

（三）坦白内容

主要看犯罪分子是彻底交代全部罪行还是只交代部分罪行，还是交代了司法机关未掌握的犯罪行为。坦白内容是否完整，表明了犯罪分子是真心悔改还是想蒙混过关，是被政策感召还是想钻法律政策的空子。对于如实供述全部罪行的，要较大幅度地从宽处罚；对于避重就轻式的坦白，应较小幅度从宽甚至不从宽处罚。

对于司法机关尚未掌握的犯罪事实的交代，虽然从犯罪嫌疑人所处的位置来讲，他本人在交代时并不一定知道司法机关掌握了哪些具体内容，哪些内容属于未被掌握的情况，但从办案的法律效果和社会效果来讲，对办案机关未掌握的其他罪行的坦白，从宽比重更要加大些，这有利于鼓励犯罪分子积极主动地供述自己的罪行。

（四）坦白效果

坦白效果是指因坦白行为而产生的价值和作用。《刑法修正案（八）》对法定坦白的效果给予了明确的肯定，规定对“因其如实供述自己罪行，避免特别严重后果发生的”，在量刑时可以减轻处罚。这是因为，犯罪分子通过自己的如实供述行为而避免了犯罪行为带来的社会危害结果的进一步发生，其犯罪的恶害程度得到了实际减少，对其应施加的刑罚报应量也就实际减轻了。但从一些研究文章对“避免特别严重后果发生的”理解和适用来看，对坦白效果的认定有以下三点需要引起注意。

1. 坦白发生的效果必须与所犯罪行具有关联性

坦白效果是指在坦白行为做出后，对坦白内容加以运用而产生的价值和作用，而坦白的内容只能是自己的罪行。坦白中涉及的其他罪行，除了在共同犯罪中知道和参与的外，因与自己罪行无关，应当属于对其他罪行的检举揭发，而不属于坦白自己罪行的内容。因此，因坦白而避免的危害后果只能是与坦白供述的自己的罪行相关联的后果，如果这种后果与其犯罪行为之间没有关联性，也就是说，犯罪分子的如实供述行为避免了他人行为引发的危害后果的发生，这种情节就可能属于立功情节，而不是坦白的结果。

2. 必须是还未发生的后果

从时间的不可逆转来看，对已经发生的危害后果不能说是没发生，即使及时采取了事后的补救行为使损害得到了完全的恢复，也不能说是避免了危害后果的发生。因此，法定坦白所要求避免的后果应当是还未发生的犯罪后果，在后果已经发生的情况下，因坦白行为而挽回了已经发生的后果，如经济犯罪后的退赃、破坏财产行为后的恢复原状、集资诈骗后的退赔等，虽然都挽回了因犯罪而带来的损失，但这些都属于犯罪行为完成后的事后补救行为，不属于坦白情节评价范围。因为坦白供述的是已经发生的犯罪行为，事后的补救行为是被动归案后向司法机关做出的积极赎罪行为，虽然可能挽回了犯罪造成的重大损失，但从法律关系的相对性来讲，应当属于法定坦白情节之外的积极退赃等其他酌定量刑情节。所以，一些专家学者认为事后的挽救行为可以作为法定坦白“避免特别严重后果发生的”情节适用，并可减轻处罚的观点是值得商榷的。

当然，这里将“避免特别严重后果发生”局限于还未发生的后果，在一定程度上与刑法关于犯罪中止的规定产生了冲突。《刑法》第24条规定：“在犯罪过程中，自动放弃犯罪或者自动有效地防止犯罪结果发生的，是犯罪中止。”因为，在结果犯的情况下，犯罪结果的发生是犯罪过程的继续。因而，犯罪行为与犯罪结果之间存在一个时间差，如果在这个时间段中犯罪嫌疑人被动归案并如实供述，使犯罪结果没有出现，避免了重大后果发生的，即可认定为犯罪中止，也可认定为法定坦白并适用减轻处罚。

3. 坦白效果大小是相对于同一罪名下全部罪行而言

坦白效果的认定标准，应当因罪而异。这里的罪，原则上应当指一个犯罪嫌疑人所犯的全部罪行，包括不同罪名下的全部罪行。但是由于我国刑法对不同罪名的犯罪处罚采用的是数罪并罚规则，即采取先分后并原则，先就每一个罪名单独定罪量刑，再综合定量刑罚。如果将坦白的效果相对于全部犯罪行为进行比较，而不是与坦白所涉及的罪量进行比较，会明显降低坦白的影响，对被告人不利，也违反了坦白的相对性规则。

## 三、法定坦白情节的刑量要素

法定坦白情节的刑量要素，是指在一个确定犯罪事实的基准刑下，如何确定法定坦白情节的具体刑罚量。《人民法院量刑指导意见（试行）》（已失效）规定，基准刑是在不考虑各种法定与酌定量刑情节的前提下，根据基本犯罪事实的既遂状态所应判处的刑罚。因此，对法定量刑情节来讲，基准刑是全案考虑的一个定量，不受坦白情节本身的影响。所以，法定坦白情节刑罚量的判断，关键在于法定坦白在与其他法定或酌定量刑情节之间形成的量刑阶梯中的量刑位置，及在法定坦白情节内部各要素综合评价结果形成的量刑阶梯中的具体位置而决定。

意大利刑事古典学派创始人贝卡里亚明智地指出："对于无穷无尽、暗淡模糊的人类行为组合可以应用几何学的话，那么也很需要一个相应的、由最强到最弱的刑罚阶梯……它显示着各个国家的人道程度和败坏程度。"〔1〕同样，在同一部刑法典规则下的各种量刑情节，也应当存在着这样一个与具体量刑情节相对应的，由强到弱的量刑阶梯，规定着各种量刑情节在发挥量刑功能上的强弱秩序。例如，美国量刑指南将量刑情节的量刑值分成了由强到弱连续变化的 43 个等级，形成了一个完整的阶梯相连、层次相叠的量刑阶梯。仔细分析我国最高人民法院出台的量刑指导意见也不难发现，在我国目前形成共识的 13 种量刑情节之间，不但各种量刑情节之间存在着这样一个量刑阶梯，而且在每个具体的量刑情节内部也存在一个明确的量刑阶梯。

### （一）法定坦白情节在整个量刑情节阶梯中的位置

根据试行的人民法院量刑指导意见，如果取各量刑情节影响基准刑比例的平均值来代表该量刑情节对基准刑的影响程度，则各量刑情节组成如下形式的量刑阶梯：

---

〔1〕［意］贝卡里亚：《论犯罪与刑罚》，黄风译，中国大百科全书出版社 1993 年版，第 66 页。

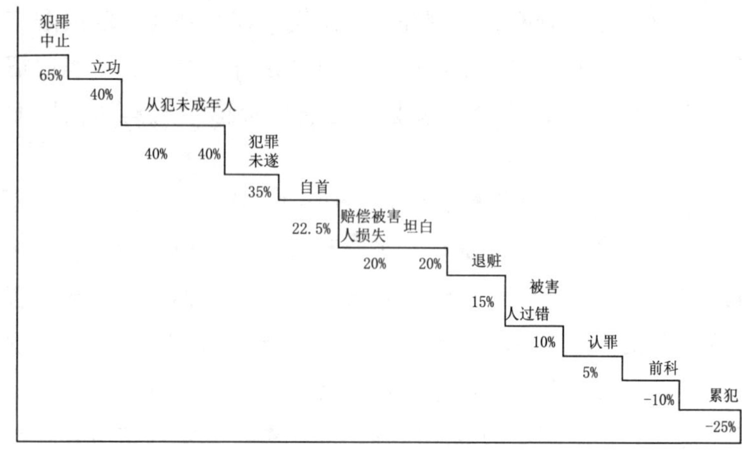


从这个量刑阶梯中可以看出，在刑法修正案没有规定法定坦白情节之前，坦白作为酌定量刑情节的适用被排在了所有法定量刑情节的后面，与赔偿被害人损失并列排在酌定量刑情节的最前面。根据量刑情节的量刑比重是司法实践中审判经验值的总结的实际，[1]和法定量刑情节加大了对坦白情节的构成条件限制两个方面的原因，一般的法定坦白情节在量刑阶梯中的排序仍应当保持在这个位置上，位于自首与退赃情节之间。此时，法定坦白情节的适用，一般应高于退赃情节的量刑比例，但应低于自首情节的量刑比例。这是一个大范围的比较。

但是，当因犯罪嫌疑人的坦白行为而避免了特别重大后果发生的，此时的坦白已经接近于一个犯罪中止情节。所以，它在量刑阶梯中的位置将得到很大的提高。但由于其犯罪行为已经全部实行完成，除了极个别犯罪中止与坦白避免特别重大后

〔1〕 量刑情节的量刑值问题，可参照周金刚：《量刑情节研究》，法律出版社2012年版，第175页。

果发生情形难以区别的情况下，其量刑效果还是要低于中止犯而比照一般自首情节衡量。这是《刑法修正案（八）》对法定坦白情节注入的新的思想内容。

### （二）法定坦白情节内的量刑阶梯划分

前面分析指出，法定坦白情节的评价要素包括坦白时机、坦白态度、坦白内容和坦白效果四个方面。根据要素的系统理论，首先要根据各要素与刑罚根据的关系远近，形成坦白效果、坦白内容、坦白时机再至坦白态度，从近至远的关系阶梯。其次，再对每个要素的具体表现进行上、中、下的分级排列，就可估算出具体坦白行为在整个法定坦白情节内量刑阶梯中的具体位置，再与全案的基准刑进行比较，最终得出影响刑罚裁判的量刑值。

# 退休人员对巨额财产来源没有说明义务

巨额财产来源不明罪在查处职务犯罪中，因具有选择适用性（刑法规定办案机关发现国家工作人员存在巨额财产时，“可以责令说明来源”，刑法并没有要求办案机关“应当”责令说明来源，也就是说办案机关“可以责令说明”，也“可以不责令说明”，即是否侦办巨额财产来源不明犯罪，办案机关具有选择适用权。因此，在司法实践中，有的贪官既被判处了巨额财产来源不明罪又被没收了非法财产，而有的贪官即使拥有巨额非法财产也没有被追究巨额财产来源不明罪，就是这个原因），已经成为反腐斗争的重要利器，特别是对一些顽固对抗调查的腐败分子，在财产来源不明差额超过 30 万元就够入罪的低门槛面前，基本都能放弃对抗，主动配合供述贪污受贿等其他职务犯罪行为，以求保全财产并求得好的认罪态度，推进办案工作顺利开展。

但笔者办理的几起国家工作人员涉嫌重大职务犯罪案件中，部分嫌疑人员已经退休，对其是否还适用巨额财产来源不明罪、是否还有“说明财产来源”的义务，控、辩、审之间争议不一。为此笔者作了一些思考，供商榷。

## 一、说明义务的主体是谁：涉嫌巨额财产来源不明犯罪的国家工作人员

《刑法》第 395 条规定：国家工作人员的财产、支出明显超过合法收入，差额巨大的，可以责令该国家工作人员说明来源，不能说明来源的，差额部分以非法所得论。可见，说明义务的

主体只能是“该国家工作人员”。“该国家工作人员”即涉嫌巨额财产来源不明的犯罪嫌疑人，不涉嫌犯罪的其他国家工作人员则没有此说明义务。比如，与该国家工作人员共同生活的家庭成员。但这个问题一些办案人员根据2003年11月13日《全国法院审理经济犯罪案件工作座谈会纪要》关于“非法所得”的数额计算方法中“应把国家工作人员个人财产和与其共同生活的家庭成员的财产、支出等一并计算，而且一并减去他们所有的合法收入以及确属与其共同生活的家庭成员个人的非法收入”为由，认为与被调查的国家工作人员共同生活的家庭成员也具有“说明义务”。这个理解是不正确的，将共同生活的家庭成员的财产、支出一并计算并一并减去的做法只是为了正确计算该国家工作人员的财产情况，不是说共同生活的家庭成员也应当负有说明义务。当然，在涉嫌巨额财产来源不明犯罪的财产来源调查的时候，共同生活的家庭成员负有配合调查的义务，这是一般公民的法定义务，但不属于“说明来源”的本罪义务。因此，当涉案国家工作人员能够说明财产来源于其共同生活的家庭成员时，共同生活的家庭成员仅有义务说明其是如何将财产提供给该国家工作人员的，但没有义务说明该财产其本人是如何获得的，即本人财产来源问题不需要说明。

## 二、说明义务的对象是什么：该国家工作人员的财产

《刑法》第395条讲得很清楚：国家工作人员的财产、支出明显超过合法收入，差额巨大的，可以责令该国家工作人员说明来源。即说明义务的对象只是该国家工作人员的财产来源。这里该国家工作人员财产是对说明范围的严格限定，不是该国家工作人员的财产就不在说明范围之内。因此，司法实践中，

一些办案人员将该国家工作人员退休后的收入也计入巨额财产来源不明的说明范围，这是错误的。因为这些财产并不是他具有国家工作人员身份期间的财产，不在说明义务之内。

## 三、退休人员是不是国家工作人员：过去是现在不是

国家工作人员包括哪些范围，《刑法》第93条讲得很清楚："本法所称国家工作人员，是指国家机关中从事公务的人员。国有公司、企业、事业单位、人民团体中从事公务的人员和国家机关、国有公司、企业、事业单位委派到非国有公司、企业、事业单位、社会团体从事公务的人员，以及其他依照法律从事公务的人员，以国家工作人员论。"所以，判断一个人是否属于国家工作人员的标准，是该个人是否在"国家机关中从事公务"，最大范围来讲包括一切形式的国家机关和一切形式的从事公务。所以，退休人员如果退而不休，在其他单位从事可能是公务劳务的，也可能再次成为国家工作人员。但如果退休人员纯粹退而真休，那他就没有任何公职身份，就不再属于国家工作人员了。所以，退休人员虽然曾经是国家工作人员，但现在已经没有公职，不在国家机关中工作，就不再是国家工作人员。所以，退休人员就一身跨两界：从过去看，是国家工作人员；从现在看，不是国家工作人员。因此，从过去看，退休人员有说明义务；从现在看，退休人员没有说明义务。

## 四、过去的说明义务能否延续到现在：要看义务的存在根据是否还存在

国家工作人员对其巨额财产来源不明的说明义务，从事实根据来看，是其职务的廉洁性；从规则根据来看，是义务的法

定性。而从事实根据与规则根据二者的比较来看，一般是先有事实根据，然后大家一致对这一事实问题感到有必要上升到法律的高度去规制，才设定相关法律义务。所以，一般来讲，事实根据是基础，法律根据是手段，事实根据高于法律根据。这是从法的实质正义来讲的。但从罪刑法定精神出发，从法的形式正义来讲，事实根据是一种不确定的事实状态，在没有统一法律思想的情况下，事实问题仍然是事实问题，还不具有法律定性的规则状态。而只有当事实的性质被法律所统一认识，并上升到法律的规则时，事实的根据即转化为法律的根据，并服从于法律根据。因此，在罪刑法定主义之下，法律根据是决定因素，事实根据是被包裹在法律根据之内的内容之一。从这个角度再来分析国家工作人员对巨额财产的说明义务的延续问题，我们说国家工作人员中的说明义务的根据存在于法律的规定之上。即法律规定其有义务才负有义务，反之即不负有义务。因此，在我国《刑法》明确认可罪刑法定原则的当前，现在不是国家工作人员的退休人员就没有说明义务。

## 五、退休人员是否因巨额财产来源不明罪仍处于追诉期间而继续承担说明义务：现在如何证明当时已经构成巨额财产来源不明犯罪？

不少办案人员坚持，即使退休人员没有说明义务，但其任国家工作人员期间已经构成的巨额财产来源不明犯罪，不因其退休而丧失追诉期，并认为据此可以追诉到退休人员并要求退休人员仍然负有说明义务。这个观点是不对的。《刑法》第 87 条规定：犯罪经过下列期限不再追诉。也就是说，被追诉的行为必须是犯罪行为，不构成犯罪的行为不在刑法的追诉之下。

即犯罪是追诉的前提。比如，某人杀人后隐匿逃窜，无论他逃到哪里，他杀人的犯罪行为都适用20年的追诉时效。而巨额财产来源不明犯罪，其构成要件有两个大方面，一是存在巨额财产，二是不能说明来源。这两个要件缺一不可。如果现在发现当时在职的国家工作人员存在巨额财产，但当时在职的他已经成为过去，现在的他已经退休没有说明义务，如何能证明当时的他一定不能说明当时的来源呢。比如说，退休后的他因某种原因丧失了记忆，能因现在已经丧失记忆的他说明不了当时巨额财产的来源就认定其构成巨额财产犯罪而对其进行追诉吗？显然不能。

所以，不能以存在巨额财产就断定其具有巨额财产来源不明犯罪，必须是说明不了来源的情况下，才构成该犯罪。当曾经的国家工作人员已经退休，当曾经愿意说清楚的巨额财产在说清楚的情况下就不构成巨额财产来源不明犯罪的时候，当现在不能说明或不愿说明的退休人员不说明的情况下，哪还有关于巨额财产来源不明犯罪的追诉时效呢？因此，以巨额财产来源不明罪的追诉时效来要求退休人员承担过去的说明义务的说法，是没有看清巨额财产来源不明犯罪的罪名本质。

所以，从这个分析来看，要求退休人员具有说明巨额财产来源义务，应当进一步修改该罪名，并直接增加退休人员具有说明义务的法条内容。否则，在退休人员已经没有公职身份的时候，仅以其具有巨额财产来认定其构成来源不明犯罪，难免有不妥之处。

# 剥夺军衔制度解读

自有军衔制开始，剥夺军衔制度就伴随其发生，并以自始剥夺军人军衔的形式，有效地打击和震慑了军队犯罪分子。但因对剥夺军衔行为的法律性质理解不一，特别是在 1997 年《刑法》修订后，这一处罚措施没有被列入《刑法》附加刑之中，引发了由法院剥夺犯罪军官军衔是否正确的激烈争论。

## 一、剥夺军衔制度建立和发展的四个历史阶段

根据军衔设置和剥夺军衔制度立法情况来看，我国建立剥夺军衔制度经历了四个历史阶段。一是初创时期。从 1955 年第一次建立人民解放军军官军衔制度到 1965 年宣布废止时期，这一时期，剥夺军衔制度从无到有，经历了初创时期的实践检验。二是停滞时期。从 1965 年人民解放军军官军衔制度被废止至 1988 年恢复军衔制度时期，这一时期因军衔制度被废止，剥夺军衔制度基本处于停滞时期。三是发展时期。从 1988 年恢复解放军军衔制度、中央军委命令公布《关于剥夺犯罪军人军衔的暂行规定》到 1997 年《刑法》修订、《惩治军人违反职责罪暂行条例》同时废止时期，剥夺军衔制度以单行法的形式存在并适用于全军部队，得到了较好的发展。四是争论时期。从 1997 年《刑法》修订到 2000 年 11 月中央军委发布《关于剥夺犯罪军人军衔的规定》至今，因刑法没有将剥夺军衔制度列入其刑罚种类，剥夺军衔制度开始了合法性之争论。

### （一）初创时期剥夺军衔制度的特点

#### 1. 立法情况

1955 年至 1965 年期间，我国法制建设刚刚起步，还没有制定统一的《刑法》，剥夺军衔制度最先规定在 1955 年 2 月 8 日第一届全国人大常委会第六次会议通过的《中国人民解放军军官服役条例》第 22 条，该条规定："军衔是军官终身的光荣称号，非因犯罪经法院判决，不得剥夺。剥夺尉官、校官的军衔，根据法院判决书，由国防部命令公布；剥夺将官的军衔，根据法院判决书，由国务院命令公布。"

#### 2. 制度特点

初创时期剥夺军衔制度具有明显的时代特点，刑罚权不统一，刑法法规分散，具体来看具有以下特点。

（1）是刑罚辅助制度。1954 年《宪法》规定，全国人民代表大会常务委员会具有解释法律、制定法令和规定军人衔级等职权，但不具有制定法律的职权。因此，其制定的《中国人民解放军军官服役条例》当然不是刑事法律，但根据其具有规定军人衔级的职权，在条例中规定剥夺军衔处罚是符合宪法规定的。在刑罚权没有严格限制的初期，剥夺军衔制度应当属于一种刑罚辅助制度，即通过刑罚手段实现行政目的的处罚制度。

（2）是司法权与行政权的结合体。《中国人民解放军军官服役条例》规定："军衔……非因犯罪经法院判决，不得剥夺。"体现了剥夺军衔制度实施的唯一前提是"因犯罪并经法院判决"，是一种司法权的具体体现。但该条例又规定："剥夺尉官、校官的军衔，根据法院判决书，由国防部命令公布；剥夺将官的军衔，根据法院判决书，由国务院命令公布。"因此，虽经法院判决，但剥夺军衔处罚必须经国防部或国务院命令公布才能生效，为剥夺军衔制度设置了后置的行政程序，使这一制度又体现出行政权对司法权限制的鲜明时代特点。

（3）是最严格的剥夺军衔制度。初创时期设立的剥夺军衔制度不但在实体上规定了以构成犯罪并经法院判决为唯一前提条件，而且在程序设计上要求由国防部或国务院命令公布，这是我国历史上为剥夺军衔制度设立的最严格的实施程序，体现了当时军队地位的至高性。

（二）停滞时期剥夺军衔制度的特点

1. 立法情况

这一时期因军衔制度被取消，剥夺军衔制度基本没有得到体现。但由于第一次授予军衔的效力仍然存在，一些因犯罪被判刑的、原来具有军衔的犯罪军人的军衔仍应当剥夺，特别是对“四人帮”反革命集团中军队成员的审判，为了体现审判的严厉性，全国人民代表大会及其常委会以专门决定的形式，作出了一些类似制度规定。如1980年8月26日五届全国人民代表大会第十五次会议决定：“剥夺林彪等过去被授予的勋章的问题，交由最高人民法院责成中国人民解放军军事法院依法处理。”1982年1月1日起实施的，1997年10月1日起废止的《中华人民共和国惩治军人违反职责罪暂行条例》第24条规定：“对于危害重大的犯罪军人，可以附加剥夺勋章、奖章和荣誉称号。”

2. 制度特点

这一时期因军衔制度被取消，因此并不存在真正的剥夺军衔制度。但由于第一次授予军衔对个人来讲具有延续性，在对犯罪军人剥夺勋章、奖章和荣誉称号时，实际上同时将其军衔进行了剥夺，并在1988年恢复军衔时，通过全国人民代表大会常务委员会《关于确认1955年至1965年期间授予的军官军衔的决定》对“犯叛国罪或者其他反革命罪的，犯其他刑事罪被依法判处死刑、无期徒刑、三年以上有期徒刑的”犯罪军人军衔不予确认，是实际剥夺军衔的处罚。因此，这一时期的剥夺军衔制度具有默认性、追溯性特点。

（三）发展时期剥夺军衔制度的特点

1. 立法情况

自1988年恢复军衔制度以来，剥夺军衔制度立法主要有：

（1）1988年中央军委颁发的《关于剥夺犯罪军人军衔的暂行规定》第2条规定：“军人犯罪被依法判处三年以上有期徒刑、无期徒刑、死刑或者单处剥夺政治权利的，由军事法院判决剥夺其军衔。军人犯罪被依法判处不满三年有期徒刑或者其他更轻刑罚的，不剥夺其军衔。”第9条规定：“由军队管理的退役军人犯罪，其军衔的剥夺亦按本规定执行。”

（2）1988年7月1日第七届全国人民代表大会常务委员会第二次会议通过，1994年5月12日第八届全国人民代表大会常务委员会第七次会议修改的《中国人民解放军军官军衔条例》第28条规定：“军官犯罪，被依法判处剥夺政治权利或者三年以上有期徒刑的，由法院判决剥夺其军衔。退役军官犯罪的，依照前款规定剥夺其军衔。军官犯罪被剥夺军衔，在服刑期满后，需要在军队中服役并授予军官军衔的，依照本条例第十六条的规定办理。”

（3）1988年7月1日通过的全国人民代表大会常务委员会《关于确认1955年至1965年期间授予的军官军衔的决定》规定：“第七届全国人民代表大会常务委员会第二次会议审议了中央军事委员会关于确认1955年至1965年期间授予的军官军衔的

议案，决定：对在 1955 年至 1965 年期间被授予军官军衔的人员，其军衔予以确认；犯叛国罪或者其他反革命罪的，犯其他刑事罪被依法判处死刑、无期徒刑、三年以上有期徒刑的，被开除军籍的以及按照中央军事委员会的规定不予确认的除外。”

（4）1988 年 9 月 23 日国务院、中央军委发布的，1993 年 4 月 27 日修改的《中国人民解放军现役士兵服役条例》第 34 条规定：“士兵被除名、开除军籍、劳动教养或者判处徒刑的，应当根据具体情况，取消或者剥夺军衔。”但在 1999 年 6 月 30 日第二次修订时又取消了上述规定。

2. 制度特点

这一时期是国家法制建设恢复发展时期，剥夺军衔制度也得到了全面的发展。

（1）明确剥夺军衔作为一种刑罚制度。在初创时期，剥夺军衔制度是一种刑罚辅助制度，具有司法和行政双重角色。在发展时期，特别是 1982 年 12 月 4 日第五届全国人民代表大会第五次会议通过的《宪法》第 58 条、第 67 条规定：全国人民代表大会和全国人民代表大会常务委员会行使国家立法权。全国人民代表大会常务委员会制定和修改除应当由全国人民代表大会制定的法律以外的其他法律。在全国人民代表大会闭会期间，对全国人民代表大会制定的法律进行部分补充和修改，但是不得同该法律的基本原则相抵触。这界定了全国人民代表大会常务委员会具有制定补充刑法的立法权。因此，1988 年 7 月 1 日第七届全国人民代表大会常务委员会通过的，并于 1994 年 5 月 12 日修改的《中国人民解放军军官军衔条例》以及 1988 年 7 月 1 日通过的全国人民代表大会常务委员会《关于确认 1955 年至 1965 年期间授予的军官军衔的决定》关于由法院剥夺犯罪军人军衔的规定，应当属于全国人民代表大会常务委员会制定补充的刑法法律，剥夺军衔制度当然属于一种刑罚制度。

（2）明确剥夺军衔制度适用的具体条件。对1955年至1965年期间授予的军官军衔的，“犯叛国罪或者其他反革命罪的，犯其他刑事罪被依法判处死刑、无期徒刑、三年以上有期徒刑的”不予确认军衔，对1988年后授予军官军衔的，“被依法判处剥夺政治权利或者三年以上有期徒刑的，由法院判决剥夺其军衔”。

（3）修改剥夺军衔程序。取消了经法院判决有罪后，再由国防部或国务院命令公布的行政程序，修改为直接由管辖法院判决生效，使剥夺军衔制度与行政程序脱离。

（4）剥夺军衔制度具有追溯效力。对第一次授予军衔的军人，在1965年至1988年军衔制度被取消期间因犯罪需要剥夺军衔的，在1988年恢复军衔制度时不予确认，予以事实剥夺。

### （四）争议时期剥夺军衔制度的特点

#### 1. 立法情况

（1）1997年3月14日第八届全国人民代表大会第五次会议通过了修订的《刑法》，同时废止了《惩治军人违反职责罪条例》，但未将剥夺军衔作为附加刑适用，也未明确废止《中国人民解放军军官军衔条例》关于剥夺军衔的规定。

（2）2000年11月28日中央军委颁发的《关于剥夺犯罪军人军衔的规定》第2条规定：“军人犯罪被依法判处三年以上有期徒刑、无期徒刑、死刑或者剥夺政治权利的，由第一审军事法院判决剥夺其军衔。”第9条规定：“军队司法机关管辖的退役军人犯罪的案件，需要剥夺犯罪分子军衔的，依照本规定执行。”第10条规定：“中国人民武装警察部队军事法院判决剥夺犯罪分子警衔的，适用本规定。”

2. 制度特点

(1) 继续规定在单行法律之中。1997 年《刑法》修订时没有将剥夺军衔制度纳入其中，也没明确其在刑法中的地位，使这一制度仍停留在单行法律之中，并以中央军委军事规章的形式得到进一步细化发展。

(2) 在军队司法实践中继续执行。正是针对刑法没有将剥夺军衔制度纳入的现状，2000 年中央军委进一步明确了剥夺军衔制度的实施办法，使这一制度毫无疑问地在军队内部继续实施。

(3) 引发了对刑法体系完整性的理论讨论。

## 二、对剥夺军衔制度的法理分析

如何恰当地给剥夺军衔制度定位，是当前剥夺军衔制度争议的焦点。近十年来，军内外法学者依据不同的理论基础，对剥夺军衔制度进行了广泛的研究讨论，形成了鲜明对立的不同观点，各自难以说服。

### (一) 认为剥夺军衔制度属于刑罚制度

这一观点的主要理由是：①剥夺军衔制度一直都是由国家最高立法机关的常设机关全国人大常委会制定的；②剥夺军衔的适用主体是法院；③剥夺军衔的适用对象是犯罪军人；④剥夺军衔是一种严厉的触及军衔的方式；⑤剥夺军衔的历史和现实决定它是一项刑罚制度。[1]

### (二) 认为剥夺军衔制度属于行政处罚制度

这一观点认为，从实然视角分析，剥夺军衔制度既是一种

〔1〕 贾万宝、杜英杰："论我国剥夺军衔制度的法律属性及其立法完善"，载《时代法学》2009 年第 1 期；吴平："剥夺军衔刑探讨"，载《黑龙江省政法管理干部学院学报》2005 年第 3 期。

刑事处罚，又是一种行政处罚；从应然视角解析，剥夺军衔制度要么是一种刑罚，要么是一种行政处罚。从“把刑罚保留作为不得已时的最后手段”，在行政处罚中已有剥夺军衔的情况下，再发动刑罚权剥夺军衔显然没有必要，因此，剥夺军衔制度应当是一种行政处罚制度。[1]

（三）认为剥夺军衔制度属于非刑罚性处理措施

非刑罚处理方法，是指人民法院对犯罪分子适用的刑罚处理以外的方法，是对犯罪分子适用，但不具有刑罚性质的处置方法。认为在1997年《刑法》修订后，剥夺军衔已经不再是一种刑罚方法，但军衔条例并未明令废止。因此，属于规定在《刑法》之外的非刑罚处理方法。[2]

应当说这几种观点都存在一定的片面性，最大的不足就是没有从剥夺军衔制度本身来分析其法理地位，讨论焦点随着制度变化而变化，理论受实在法牵制，没有抓住剥夺军衔制度的理论本质。

## 三、剥夺军衔制度的本质分析

事物的本质是事物之所以为其本身的独有特质。要看清剥夺军衔制度的法律属性，就必须正确认识这一制度的本质特征，并从其本质特征与各学科法律体系的关系来确定其法律地位。

（一）军衔制度的本质属性

军衔制是一种国际性的制度，世界上绝大部分国家的军队都实行军衔制。《中国人民解放军军官军衔条例》第2、3、5条规定：为加强中国人民解放军的革命化、现代化、正规化建设，

---

〔1〕 黄自强、杨渺：“论剥夺军衔的性质”，载《法制与经济》2008年第2期。

〔2〕 冉巨火：“‘剥夺军衔’仍应依法执行”，载《法学杂志》2004年第6期。

有利于军队的指挥和管理，增强军官的责任心和荣誉感，实行军官军衔制度。军官军衔是区分军官等级、表明军官身份的称号、标志和国家给予军官的荣誉。军衔高的军官对军衔低的军官，军衔高的为上级。当军衔高的军官在职务上隶属于军衔低的军官时，职务高的为上级。

通过这些规定我们可以看出，军衔制的目的在于统一军队的指挥和管理，增强军人的责任心和荣誉感。军衔制的作用是区分军人等级、表明军人身份和象征国家给予军人的荣誉。在这些目的和作用中，通过区分具有隶属特别是没有隶属关系的军人之间的等级、身份，达到统一军队指挥和管理的要求是军衔制所特有而其他制度不能替代的制度。因此，这一特征就是军衔制的本质特征，体现的是军队行政管理需要，而其他增强军人的责任感和荣誉感等作用都不是军衔制所特有的作用。所以，军衔制度本质上属于为了军队统一指挥和管理需要设置的一种军事行政制度，与军事刑罚制度没有直接必然联系。

（二）剥夺军衔行为的法律属性

既然军衔制度本质上属于军事行政制度，那么军衔的取得与取消或剥夺理所当然属于军事行政范畴内的军事行政行为，也符合军事行政权运行的法律规定，但为何全国人大常委会规定要由法院通过判决方式剥夺军衔呢（也正是这一规定引起了长期的理论争论）？要正确认识这一问题还需要对行政权与审判权的关系，以及我国法院的法律地位问题进行分析。

1. 我国行政权与审判权的关系

根据国家结构理论，行政权和审判权都是现代国家的对内管理权，二者关系如何，一般由《宪法》具体规定。

我国《宪法》第 3 条规定：“中华人民共和国的国家机构实

行民主集中制的原则。全国人民代表大会和地方各级人民代表大会都由民主选举产生，对人民负责，受人民监督。国家行政机关、审判机关、检察机关都由人民代表大会产生，对它负责，受它监督……”因此，我国的行政权、审判权都是由国家权力机关，全国和地方各级人民代表大会产生，对它负责，受它监督，二者之间没有隶属关系。也就是说，我国国家机关的行政权和审判权统一于人民代表大会，在人民代表大会授权范畴内分别行使职权，相互牵制，共同对人民代表大会负责，即我国行政机关权力范畴和审判机关权力范围的划分以人民代表大会的授权为唯一依据。也正是这一制度特点，使一些看来应当属于司法权范畴的职权被划归行政权管辖，而一些应当由行政权范畴的职能却被分配给司法权管辖，出现了所谓的行政司法权或者说是司法行政权现象。

2. 剥夺军衔行为的法律依据分析

从前述剥夺军衔制度立法情况分析可以看出，剥夺军官军衔与剥夺士兵军衔的法律依据是不同的，前者的依据是全国人民代表大会常务委员会的法律规定，后者则是由中央军委的军事规章规定的。

（1）剥夺军官军衔的法律依据分析。剥夺军官军衔的法律依据有以下规定。一是全国人大常委会制订的《中国人民解放军军官军衔条例》第27条规定：“军官犯罪，被依法判处剥夺政治权利或者三年以上有期徒刑的，由法院判决剥夺其军衔。”二是中央军委《关于剥夺犯罪军人军衔的规定》第2条规定：“军人犯罪被依法判处三年以上有期徒刑、无期徒刑、死刑或者剥夺政治权利的，由第一审军事法院判决剥夺其军衔。”

从上述规定可以看出，法院剥夺军官军衔的权力来自全国人大常委会授权，符合宪法规定，是有效授权。虽然军衔制度属于军事行政制度，但对剥夺军官军衔这一权力来看，国家权力分配机关进行了特殊分配，将其归于司法机关行使，使本应属于军事行政权力范畴的剥夺军官军衔职权统一到司法权中，即通过国家最高权力机关授权的形式，将这一军事行政权力划归于军事司法权力范畴。因此，剥夺军官军衔制度应当属于行政司法制度，是通过司法权实施的行政行为。

（2）剥夺士兵军衔制度的法律依据分析。目前剥夺士兵军衔的法律依据主要是中央军委《关于剥夺犯罪军人军衔的规定》第2条规定："军人犯罪被依法判处三年以上有期徒刑、无期徒刑、死刑或者剥夺政治权利的，由第一审军事法院判决剥夺其军衔。"这里的军人当然包括士兵。因此，军事法院剥夺犯罪士兵军衔的权力来源于军队最高指挥机关——中央军委的授权，从国家审判权统一于人民代表大会的原则来看，中央军委的这一授权应当属于军事行政授权，也符合军衔制度属于军事行政制度的属性。在这里，军事法院是作为军事政治机关履行军事行政权的。

因此，我国剥夺军衔制度具有复杂性，不能笼统地说剥夺军衔制度属于审判权制度，也不能笼统地说属于行政制度。根据剥夺军人对象不同，剥夺军官军衔制度属于全国人大常委会授权法院行使的行政审判权制度，剥夺士兵军衔属于中央军委授权军事法院行使的军事行政制度。

## 四、剥夺军衔制度的重构

通过上述分析已经可以看出，我国的剥夺军衔制度设置不但在理论上引起了争议，而且在实际实行中造成了一些不便，对此，笔者提出如下建议：

（一）明确剥夺军衔制度属于军事刑罚制度

军衔制度虽然是军事行政范畴制度，但出于对军衔制度的高度重视和对军人军衔身份的充分尊重，应当通过修改《刑法》的方式，将剥夺军衔制度明确规定为由军事法院具体实施，或由审理具有军衔犯罪分子的地方人民法院实施的一项刑罚制度，彻底消除这一制度横跨两个不同法域的非正常现象。

（二）平等对待军官军衔和士兵军衔制度

军官军衔和士兵军衔都是军队军衔，虽然在军事职权等级上存在差异，但在军人身份地位上都是无差别的。

# 能动司法的公信力挑战

“实用主义”在中国一直以来是一个含糊、有歧义并遭到滥用的词，特别是在中华人民共和国成立后的五六十年代，在当时的中国科学院和作家协会的联合领导下，对胡适所代表的中国实用主义进行了批判，直到邓小平同志提出了解放思想，实事求是的思想路线，对实用主义的研究才又逐步在中国建立。[1]司法实用主义正是在这种历史背景下，被逐渐引入法学研究的视野。但受实用主义在中国被批判的历史影响，改革开放以来对司法实用主义的研究的主要贡献在于翻译介绍外国的司法实用主义观点著作，对我国司法制度是否是实用主义的态度一般比较隐晦，直至能动司法理念的提出，司法实用主义才获得了难得的发展机遇，司法工具论、司法目的论、司法能动论等司法实用主义精要一一显现出来。同时，司法实用主义也存在诸如智识懒惰、庸俗的实用、盲目的实用等危险。能动司法对司法实用主义要有扬弃的哲学态度，特别是在当前能动司法价值观念在全国司法系统全面建立的初期，司法实用主义的危险已经成为侵蚀司法公信力的主要原因。因此，正确理解司法实用主义的科学内涵，领会其与能动司法理念相贯通的有用部分，同时，对司法实用主义始终保持一种客观和谨慎的清醒，这是能动司法理念被正确科学地贯彻落实的关键所在。

---

〔1〕 杨寿堪、王成兵：“实用主义在中国的历史命运”，载《江苏行政学院学报》2002年第4期。

## 一、司法实用主义的哲学根据

司法实用主义的理论基础是实用主义哲学。因此，要准确理解司法实用主义，首先要对实用主义哲学有一个明晰的把握。

实用主义作为一个哲学的流行语，一直有一种倾向，并随着时间的推移更加明显：把皮尔士（Charles Sanders Peirce，首先提出实用主义）特殊的、哲学含义上使用的“实用主义”，混同于在更为日常的意义上使用的“实用主义”，而后者所关心的是权宜之计而不是原则。实用主义的历史既是混乱的又是扰人的，它提供的实质性哲学观念以及将哲学观裂变出令人目眩的各种类型，使人们开始怀疑实用主义的真正目的；它的反理智主义将导致的“普遍不虔敬”和法西斯主义又是让人担心的。[1]“实用主义”的模糊和歧义，给理解实用主义哲学带来了过多的干扰。但从皮尔士引入实用主义发端到现在，实用主义哲学的主要观点始终没有偏离这样几个方面。

### （一）一个概念应被它的实践效果来检验

皮尔士说：一个概念，也就是说，一个词或别的表达方式的理性要旨（purport），完全存在于它与生活行为的可设想的联系之中。因此，由于产生于实验的任何东西都明显地与行为直接相关，如果有人能够精确地定义一个概念的肯定或否定内容所暗含的所有可以感觉到的实验现象，他就在其中得到了该概念的完整定义，除此之外，绝没有任何东西在其中。皮尔士把自己创立的这一学说命名为“Pragmatism”（实用主义），表达了与人类目的的明确关系，认为理性认知和理性目的之间有着不

[1] ［美］苏珊·哈克主编：《意义、真理与行动：实用主义经典文选》，东方出版社2007年版，第2~3页。

可分割的联系。他认为“一个概念应被它的实践效果来检验”，“如果考虑你的概念的客体可能有什么意识到的实践关系的效果，那么，你关于这些效果的概念是你关于这个客体概念的全体”。[1]

实用主义认为，本体论形而上学的几乎每一个命题，要么是无意义的废话——用其他词来定义一个词，然后用另外的词来定义这个词，没有得到任何真正的概念；要么是十足的谎话，只有用科学的观察方法来研究问题，才不会有这种认识上的误解和分歧。

（二）真理等同于假设的最后意见

皮尔士表明，科学的方法需要回溯（abduction），即形成一个假设，如果该假设为真，就将解释某些令人困惑的现象。“如果我们能够找出思维的正确方法，并且能够遵循这种方法……那么真理不可能是任何其他的东西，不多不少就是遵循该方法将引导我们达到的最后结果。”这是皮尔士关于“真”的实用意义的说明，把真理等同于假设的最后意见，假如探究无限地进行下去的话，人们将在这些意见上达到一致。“真是一个陈述与一个理想极限……的一致，无穷尽的探究倾向于把科学带至那个极限。”这并不意味着在达至假设的最后意见之前，没有任何命题是真的——一个命题现在就是真的，假如达到了该最后意见的话。[2]

（三）理性存在于人的普遍目的性之中

自从尼采提出上帝死亡之后，哲学世界就被划分为两个彼

---

〔1〕［美］查理·皮尔斯：“实用主义要义”，载［美］约翰·杜威等：《实用主义》，杨玉成、崔人元编译，世界知识出版社 2007 年版，第 22~36 页。

〔2〕［美］苏珊·哈克主编：《意义、真理与行动：实用主义经典文选》，东方出版社 2007 年版，第 11~12 页。

此对立的阵营：人本主义和非人本主义。而实用主义断然地站在了人本主义一边。实用主义认为，只有通过词语和命题与人的目的性关系，才能发现它们的理性要旨。皮尔士说，人类目的有物理学上的效果。例如，在我学习时感到空气不好，这种想法就可能引起打开窗户这件事件。因此，尽管这个世界很不公平，但是，“正义”和“真理”的观点是改变世界的最强大力量。在人类社会的进化过程中，特别是在进化过程的高级阶段，进化过程越来越多地通过人的自我控制实现，理性的要旨最终发展为人们共同目的的普遍要求。[1]

（四）每个命题的理性意义存在于未来

皮尔士认为，一个实验主义者讨论一种现象时，他并没有指任何在逝去的过去确实对某人发生过的特殊事件，而是指，对生活在未来并为事件实现提供条件的每个人来说，肯定要发生的特殊事件。就是说，当一个实验主义者按照他思想中的确实方案去行为，那么，某些事情将必定发生。因此，实用主义者讨论的不是单一的实验或单个的实验现象，而是讨论实验现象的普遍种类。

一个命题的意义存在于未来，这种形式的命题才能够应用于人类的行为，不是在这种或那种特殊环境中，也不是当有人接受这种或那种特殊的形式时，而是这种形式最直接地适用于所有情况下的自我控制，最直接地适用于所有目的。因此，未来的行为是唯一归属于自我控制的行为。[2]

实用主义的这几个观点，概括起来形成了这样几个基本走

---

〔1〕［美］查理·皮尔斯：“实用主义要义”，载［美］约翰·杜威等：《实用主义》，杨玉成、崔人元编译，世界知识出版社 2007 年版，第 38~40 页。

〔2〕［美］查理·皮尔斯：“实用主义要义”，载［美］约翰·杜威等：《实用主义》，杨玉成、崔人元编译，世界知识出版社 2007 年版，第 37 页。

向。强调以解决人生问题为主题的走向，主张哲学应该研究现实世界；强调以价值为中心的走向，看待事物的标准在于能否满足人的欲望与要求；强调以实行行为本位的走向，知识、观念、学说等是否正确，都要靠实行来检验；强调以工具主义作为方法论的走向，杜威把这种科学方法论归结为“五步”说——疑问、问题、假设、推理和证明。〔1〕

## 二、司法实用主义的主要观点

受实用主义哲学的影响，司法领域出现了一种以结果为导向的实用主义倾向。1921 年，纽约上诉法院常任法官本杰明·内森·卡多佐（Benjamin Nathan Cardozo）出版了《司法过程的性质》一书，对美国自霍姆斯以来形成的司法实用主义进行了明晰、简洁而明智的描写，成为司法实用主义学说最完全的理论阐释。〔2〕此后，司法实用主义虽然在卡多佐思想的基础上又有一些新的发展，但始终都没有超越卡多佐的司法实用主义范畴。

### （一）作为工具的法律

受实用主义哲学的关于经验世界的影响，卡多佐并不关心整个法理学，而是关心其中的司法理论，尤其是普通法的司法理论。普通法的法官如何从事审判事务？在什么程度上他们的思想是确定、客观的？法官个人价值的核心是什么？更宽泛一点的话，什么是司法判决的渊源？《司法过程的性质》就是从这些问题的考察开始的。他举了一个关于孙子谋杀自己祖父的案

---

〔1〕 杨寿堪、王成兵：“实用主义在中国的历史命运”，载《江苏行政学院学报》2002 年第 4 期。

〔2〕［美］理查德·A. 波斯纳、张海峰：“卡多佐的司法哲学”，载《比较法学研究》2005 年第 4 期。

例，而祖父已经在遗嘱中指定由他孙子作为自己遗产的继承人。卡多佐说，这个案子中存在三个原则之间的冲突，“遗嘱人合法处理财产的意思表示具有约束力的原则”“民事法院不能增加罪犯的痛苦与惩罚的原则”和“无人能够从他的不公正或错误行为中获益的原则”，经过思考，卡多佐选择了最后一个原则，“因为在司法的观念当中，选择那些导向正义的原则”是正确的，拒绝犯罪从犯罪行为中获利的原则要比其他两个原则所服务的社会利益更为重大。在这里，卡多佐建立了法律的工具性概念。[1]

卡多佐认为，法律的最终根据是社会的福利。换句话说，法律是实现社会福利的工具。这对视法律为不变的原则体系的形式主义来说，是一个全面的否定。因为，作为工具的法律，是可以根据服务需要进行修改和变化……而每一个案件都是一个试验……一种妥协，一种调适、不断变换方法以适合目的，强调法律真理的相对性。[2]在这里，法官的思想游离于宪法、成文法和社会福利的矛盾冲突之间，在立法的空白、成文法的含混疑问和立法者在所难免的错误之间，充分发挥自由裁量的智慧，实现法官造法角色，法律在不断地被修改与完善之中，充分体现了实用主义哲学关于一个概念应被它的实践效果来检验的实验主义思想。

（二）权衡利益的法官

实用主义将真理等同于假设的最后意见，引导实用主义法官在裁判时对案件的利益进行分析，并不断在冲突的利益之间

---

〔1〕［美］理查德·A. 波斯纳、张海峰：“卡多佐的司法哲学”，载《比较法学研究》2005年第4期。

〔2〕［美］本杰明·卡多佐：《司法过程的性质》，苏力译，商务印书馆1997年版，第23页。

进行权衡。这是实用主义哲学为法官提供的一种实用主义态度和方法。卡多佐用自己的司法实践说明：法官试图黏合法律与外行之间正义概念的缝隙。法官是一个职业团体。它的理想趋势是追求譬如职业共同体内部概念的整齐。卡多佐的社会学方法把法官从技艺价值中脱离出来，转向社会福利的考虑，而社会福利又体现在“正常人的习惯性道德”中，这是一种深思或永久型公众观点，明显区别于冲动和暂时的类型。法官在决定是否改变、废弃还是坚持一个规则的时候，要考虑社会道德，要衡量社会利益，比较真实的社会利益和立法机构关注的规则的连续和稳定性。〔1〕用波斯纳的话说，“实用主义真正的核心价值就在于，定性并不重要，重点和难点都在于定量，即如何适度把握，如何在两个极端中权衡”。〔2〕因此，在卡多佐看来，要求法官具有立法者的智慧。〔3〕

（三）社会本位的法院

实用主义主张理性存在于人的普遍目的性之中，这种人的普遍目的性在司法实用主义看来，就是司法行为或结果的社会性，要求司法以社会为本位的哲学观念。卡多佐提倡司法的社会学方法，但他指的不是一种具体的社会科学，而是以“社会福利”为核心的社会本位思想。卡多佐宽泛地界定认为：“（社会福利）涵盖许多有些许联系的概念，可以用来指称一般意义的公共政策或共同体的善。在此类情形下，社会福利的要求常

〔1〕［美］理查德·A. 波斯纳、张海峰：“卡多佐的司法哲学”，载《比较法学研究》2005年第4期。

〔2〕［美］波斯纳：《法理学问题》，苏力译，中国政法大学出版社2002年版，第195页。

〔3〕［美］本杰明·卡多佐：《司法过程的性质》，苏力译，商务印书馆1997年版，第115页。

常仅是有益或谨慎。另一方面，社会福利也可能指通过坚持社会习俗中表现的正确行为，获得社会收益。在此种情形下，社会福利的要求便是宗教、伦理或社会正义感的要求。”〔1〕司法是实现社会福利的工具，必须根据社会福利的指引前进。“如果你问我法官是如何得知此一利益超过彼一利益的，我只能回答，法官同立法者一样，是从经验、研究和深思中获取知识的，简言之，法官是从生活本身获取知识的。”因此，我们“一定要让社会福利来确定路径决定其方向和其距离”，法院的职能就是，通过对法律原则的不断重述并赋予它们不间断的、新的内容来使它们与道德习俗保持同步。〔2〕

（四）后果约束的判决

与大多数哲学不一样，实用主义是向前看的哲学，实用主义认为一个命题的意义存在于未来，它珍惜与昔日保持连续性但仅限于这种连续性有助于我们处理目前和未来的问题。〔3〕在这里，法院的判决不是孤立于判决本身的，判决在解决司法纠纷的同时，也在给未来建立新的法律规则。“在以规则和原则的形式清晰表述社会正义感的努力中，发现法律的专家所用的方法一直是实验性的。判例法的规则和原则从来也没有被当作终极真理，而只是作为可资使用的假说，它们在那些重大的法律实验室——司法法院中被不断地检测。”〔4〕因此，实用主义判

---

〔1〕［美］本杰明·卡多佐：《司法过程的性质》，苏力译，商务印书馆1997年版，第72页。

〔2〕［美］本杰明·卡多佐：《司法过程的性质》，苏力译，商务印书馆1997年版，第39~40页。

〔3〕许可：“卡多佐的法律世界——兼论实用主义审判的真与伪”，载《人大法律评论》2010年卷，第170页。

〔4〕［美］本杰明·卡多佐：《司法过程的性质》，苏力译，商务印书馆1997年版，第10页。

决必须考虑在时间和空间的过程中，如此的判决是否能够经得住下次相同案件审判的“实验”检验，在可预知的条件下，如果作出的判决将失败于未来的检验，这种判决将不得不进行适当的修正和改进。如此，实用主义的判决在作出之前就已经感觉到来自未来后果的约束。

以上，从司法实用主义具有的这些内容来看，虽然它带来了真理标准的混乱，膨胀了人类思想的欲望，但从它隐含着实事求是的科学态度，追求现实语境中的公平公正和向前看的前瞻性来说，司法实用主义仍不失为一种理性的司法哲学。

## 三、司法实用主义在能动司法环境中的佳遇

能动司法作为社会主义特色的司法理念，一经提出就在我国司法领域形成了强烈影响和至今仍在进行中的理论研究。用最高人民法院院长的话说，我们讲的能动司法概念、内涵、实质由于国情不同，在理念上、实践上与一些发达国家探讨的司法能动主义是完全不一样的。从根本上看，我们所讲的能动司法，就是要发挥司法的主观能动性，积极主动地为党和国家工作大局服务，为经济社会发展服务。能动司法是服务型司法，人民法院必须紧紧围绕服务经济发展、维护社会稳定、促进社会和谐、保障人民权益的要求，积极运用政策考量、利益平衡、和谐司法等司法方式履行司法审判职责；能动司法是主动型司法，人民法院必须主动开展调查研究，认真分析研究形势，主动回应社会司法需求，切实加强改进工作，主动延伸审判职能，积极参与社会治理，主动加强沟通协调，努力形成工作合力；能动司法是高效型司法，人民法院必须根据经济社会发展要求，未雨绸缪，超前谋划，提前应对，努力把矛盾解决在萌

芽状态。[1]但从司法的能动性来讲，能动司法与发达国家的司法能动主义在一些具体表象上看，还是极易产生混淆和错误认识的，这也是一些学者研究能动司法为什么老是想以司法能动主义作为开端的原因。也正因此，我们说能动司法与司法实用主义的某些方面具有很大的相似性，这点给司法实用主义引入中国提供了有利的理论和实践环境。

（一）能动司法的政治性充分体现了法律的工具性

我们讲的能动司法，首要要求就是它的政治性。人民法院作为中国共产党领导下的国家审判机关，是中国共产党领导人民治国理政的重要力量。人民法院的功能使命，归根到底是受党的根本任务所决定并为之服务的。这就要求人民法院必须克服纯粹业务观的倾向，防止将审判案件简单化地理解为单纯的法律技术的运用，而应当坚持能动司法的政治性，自觉把司法审判工作融入党和国家的工作大局之中，积极主动地贯彻落实党和国家的路线、方针、政策，为党和国家的工作大局提供有力的司法保障。[2]能动司法的政治要求，正是法律工具主义在中国法治社会的具体表现。马克思主义哲学毫不掩饰法官角色的政治属性，司法工作讲政治、顾大局，就是在人民法院践行马克思主义法哲学的具体表现。

（二）能动司法的多源性满足了法官权衡利益的角色要求

随着能动司法改革的深入，我国司法机关日益强调司法的效果性，即司法活动必须讲求法律效果与政治效果、社会效果的有机统一。要实现三者的统一，司法者不能仅仅是法律的

〔1〕 最高人民法院编写组：《当代中国能动司法》，人民法院出版社 2011 年版，第 3 页。

〔2〕 公丕祥：“能动司法是当代中国司法的基本取向”，载最高人民法院编写组：《当代中国能动司法》，人民法院出版社 2011 年版，第 86 页。

“自动售货机”，简单套用法律，而应当是“社会工程师”，在司法过程中，不仅应考虑案件中的法律因素，还需要将案件放置在整个政治和社会环境中来予以考量，审时度势地权衡法外的因素，利用自由裁量权对各种利益进行比较和均衡。[1]能动司法认为，司法的功能不在于简单地找寻和发现案件事实与法律的对应和相符之处，更在于追求和实现司法所承载的社会及经济目标。因此，在法律维度之外，政治规则、道德伦理、民间规诫、风俗习惯等都应作为司法决定的参考因素；同时，政治影响、经济利益、公众情感等各个方面也应纳入司法考量的范围。这些观念与卡多佐主张的法官判决应当“充满了反映时代影响、社会、商业以及政治当前的状况”的司法实用主义对法官的要求如出一辙，[2]满足了法官作为权利权衡者的司法角色要求，具有明显的实用主义倾向。

（三）能动司法的人民性在一定程度上体现了司法的社会本位

我国能动司法是要解决法院如何实现“为大局服务、为人民司法”的理念问题。能动司法的人民性就是指人民法院的司法权源于人民、属于人民、服务人民、受人民监督的属性。在这里“人民”是一个整体概念，在我国阶级斗争已不再是主要矛盾的现实情况下，人民的称谓在一定范畴上是等同于社会的一个集合概念，为人民服务体现的是为社会服务，司法为民要求达到的就是司法为社会的整体福利服务，让人民满意的标准主要讲的就是司法要达到社会主流民意满意的标准。因此，能动司法的人民性在中国语境下，一定程度上体现了司法的社会

〔1〕 陈惊天：“能动司法的几个原则”，载最高人民法院编写组：《当代中国能动司法》，人民法院出版社 2011 年版，第 236 页。

〔2〕 顾培东：“司法能动主义的蕴含”，载最高人民法院编写组：《当代中国能动司法》，人民法院出版社 2011 年版，第 176 页。

本位思想。

### （四）能动司法的和谐性使人民法院裁判结果具有面向未来的前瞻意识

人民法院审判活动的实质是对社会行为的一种法律评价和价值判断，它解决的不仅仅是当事人之间的权利义务纠纷，还发挥着对社会主导价值观和行为模式的引导功能。审判工作通过对某种行为的肯定或否定引导人们对法律合法化和正义性的认同，实现社会秩序的和谐与稳定。因此，人民法院在审判工作中通过积极发挥社会主流价值观，促进社会尊崇正义，人心向善，从而达到社会和谐的功能。[1]从这个角度看，能动司法的裁判结果不仅考虑对具体案件的案结事了，还要考虑生效判决对社会主流价值观、社会公序良俗的引领作用，是以是否有利于促进全社会和谐稳定为人民法院裁判结果的检验标准的一种结果约束式的裁判。因此，能动司法理念下的司法工作目标，就是要通过人民法院积极主动的司法活动，最大限度地增加和谐因素，最大限度地减少不和谐因素，通过有效解决社会矛盾纠纷、促进社会发展来实现社会公平正义。

以上，从能动司法与司法实用主义的四个主要特征的比较来看，能动司法在总体设计上基本符合司法实用主义的思想，与发达国家所谓的司法能动主义虽然在具体内容和结构上存在显著的差别，但从司法哲学上来说，能动司法是司法实用主义在中国特色社会主义司法制度内的另一种表现形式。或者说，能动司法就是具有中国特色的司法实用主义，是一种改良的司法实用主义。

---

〔1〕 娄正前：《诉求与回应：当今中国能动司法的理论与实践——主要以江苏法院司法实践为例》，法律出版社 2011 年版，第 68 页。

## 四、司法实用主义在能动司法环境中设置的危险

能动司法作为一种在中国社会环境中被改良的司法实用主义，不可避免地也存在司法实用主义固有的危险。虽然这些危险在中国司法环境下的具体表现形式各异，但其根本缘由都来自司法实用主义的权宜本性，并构成了当前中国司法公信力缺失的关键因素。

### （一）智识懒惰的危险

新司法实用主义集大成者波斯纳说，实用主义最大的危险是“智识上的懒惰”，或称为短见的实用主义。波斯纳说，对一个案件的反应要比分析它要简单很多。实用主义法官一定要时刻牢记，他是一位法官，这意味着他必须考察所有可能同这个案件联系起来的法律材料和论点。如果将法律推理温和地界定为参考典型的法律材料（比方说制定法和法律教义）以及法律的传统关注（例如稳定性、当事人的听证权以及其他“法治”美德）来推理，那么法律推理就应当是每个法律首先决定的成分之一，尽管不必须是这一决定的一切和终结。因此，波斯纳认为，一位法官必须首先证明——在每个案件中都重新开始——他是一名称职的法律推理者，这样才是一个确实的实用主义法官。[1]

能动司法要求法院“为大局服务，为人民司法”，审判的效果要用法律效果和社会效果的双重标准来检验，这就要求法官是一个智识上的勤劳者，思想不断在个案的法律效果与社会效果之间审视，寻找二者达至一致的焦点，而不能将能动司法片面理解为只要社会效果不管法律规则，或死守法律规则而漠视社

〔1〕［美］理查德·A. 波斯纳：《道德和法律理论的疑问》，苏力译，中国政法大学出版社 2001 年版，第 304~306 页。

会影响。广州中级人民法院审理的许某盗窃案就是一个典型的例子，法官片面地理解刑法关于盗窃罪的文字内容，忽视了许某案在道德层面上的可容忍性，致使一审宣判作出后，社会一片哗然。还有南京的彭某案，法官用笨拙的逻辑知识推导出荒谬的事实结果，致使该案宣判后对维护社会道德产生了严重的负面作用，一时间出现多起老人倒地没人敢扶，好事没人敢做的社会现象。

法官“除了正直无私外，还须有一种独特的聪明，随时于无形中修正法律——寓立法于裁判之中——使法律能适应千变万化的环境”。〔1〕司法实用主义以结果检验正义，要求法官主动地思考，全面地权衡，这种要求是建立在法官知识不断增强，理解力不断提高的基础之上的。因此，能动司法环境下的法官必须是一个学习型的专家法官。

（二）庸俗实用的危险

司法实用主义很容易投入庸俗实用主义的怀抱。所谓庸俗实用主义，是指以概念、理念与行为在特定情境中的后果来理解其意蕴，重视相关行为、程序与制度的可行性，但是在价值预设上严重贬低基本的法治精神、伦理准则与文明共识的价值定位，或者在手段的选择上完全漠视民主法治社会基本价值、基本制度与基本逻辑准则的制约。〔2〕庸俗实用主义抓住了实用主义的皮毛，丢了其中的精髓，或是只看到实用主义的结果目的，丢了实用主义的价值立场，选择违反了法治伦理的基本要求，或是打着维护法治伦理的旗帜，不择手段、不讲程序，丢了法治的基本精神。

〔1〕 吴经熊：《法律哲学研究》，清华大学出版社 2005 年版，第 227 页。

〔2〕 蒋鹏飞：“庸俗实用主义及其化解：以刑事司法为分析语境”，载《东方法学》2011 年第 2 期。

在能动司法环境下，司法担负着“维护社会稳定”“促进经济发展”的目的要求，一些法院和司法人员在司法实践中将这一要求绝对化，漠视法律逻辑规则、忽视社会伦理道德、不重诉讼程序规则，司法盲动乱动的现象屡见报道。如河南平顶山的“死刑承诺书”案、四川成都的“花钱买刑”案等都明显违背了法治的基本精神，实现的也只能是表面上的“稳定”，达到的也只是暂时的“没事”。

在能动司法环境下克服司法庸俗实用的危险，关键是要谨守法治的戒律，司法虽然是国家管理社会的工具之一，但司法工具在国家所有工具中的作用地位是有明确分工的。谨守法治精神是司法发挥政治工具的特殊要求，在任何时期，法治的精神丢了，司法就不能称为司法，其本身也就失去了司法工具的地位。

（三）盲从权威的危险

司法实用主义对权威有种天然的盲从倾向，特别是在中国司法环境下，权威部门和人员往往控制掌握着法院和法官的人、财、物权。在能动司法背景下，司法为社会稳定服务、为经济发展服务的任务要求，使得司法依附于行政、办案出发于经济的现象越来越明显，甚至出现了怕影响一个企业发展而放纵经济犯罪的个别现象。

司法盲从权威反映的是司法权威的不足。中国社会纠纷解决机制历来是多元化，并最终服从于行政权的模式。司法内部行政化的设置模式也使司法人员自觉产生了一种服从权威的工作习惯。一方面，司法无法反对权威对它的影响和控制因素，特别是在党的统一领导下的政治体制内，法院必须服从和服务于党的伟大事业，这是对权威的正确态度；另一方面，司法具有相对独立的业务要求，对权威的不正当干预，特别是个别领导人为个人私利而干预司法的不当行为，要敢于用法治的精神进行抵抗，不能盲从于权威的不正当干涉。否则，能动司法就会变成为个人利益乱动的司法。

（四）盲目冒进的危险

司法实用主义具有追求结果合理和积极“向前看”的哲学意识。这种向前看的结果因为是一种科学判断的结果，当判断依据缺乏科学性的时候，就可能是一种盲目冒进的司法。能动司法根本上追求的是一种实质公平正义，讲求有效服务，建立的是一种大调解格局，从总体上讲是科学合理的能动主义。但个别法院的大调解格局超过了限度，运用得太硬，并带来了两个明显的弊端：一个是诉讼周期的延长；另一个是以判压调现象的加重。诉讼作为一个专业化程度较高的业务过程，一般老百姓并不全面了解其中的程序规则，认为起诉到法院就是进入了诉讼程序，案件开始在审理之中。但大调解格局下的诉前调解并不计入诉讼时效，当调解不成功时，明显是延长了当事人的诉讼时间，而一般当事人并不了解这一点，往往感觉案件审理时间太久。而当案件真正进入诉讼程序后，审理法官在过分追求调解率的情况下，往往是以拖压调，以判压解，并要求双方律师配合，从实际效果等角度为当事人计算，使他们各自退让，给当事人一种“和稀泥”式审判的感觉。这也影响了审判的公信力。

能动司法的盲目冒进现象还表现在司法的提前介入。在发生影响重大的社会性案件时，地方政府往往要求公法检联合办案，从案件的侦查开始司法就介入其中，法院从取证到定性全过程参与，虽然办案的社会效果可能得到了实现，但办案的法律效果，特别是司法裁判的居中地位却被改变了。

克服盲目冒进的危险关键在于坚持马克思主义的科学态度。司法作为国家的政治工具，有其合理的分工范围，这是马克思主义国家政治学说坚持的正确观点。司法权与立法权、行政权等权力的分工合作是国家政权的合理分配。能动司法不能脱离司法的本性，不要司法本性的能动就不是分工合作意义下的司法范畴，那是违背作为国家政治工具的司法本意的。

## 五、结语

中国特色司法实用主义的科学态度，在能动司法背景下，要牢牢抓住中国司法发展的前进方向，司法公信力的培养在于司法的人民性的真正落实。只有得到人民群众的信任，司法才会有权威，这是能动司法的政治本质，是司法公信力的真正来源，要提高司法公信力，抓住了这一条就抓住了关键的关键。

# 贪污案件赃款去向问题研究

贪污案件赃款去向问题是指在贪污案件中，犯罪嫌疑人通过非法手段完成控制公款行为后，对该款的处理行为是否影响贪污犯罪认定的问题。由于认识上的不一致，这一问题至今仍在司法实践和理论界争论不休，归纳来看主要有正反两种观点：〔1〕一是去向无关论，认为赃款去向不属于贪污罪的构成要件，不影响贪污案件的认定；二是去向决定论，认为赃款去向影响非法占有的主观故意，关系到贪污罪能否成立。〔2〕应该说这两种观点都有一定的道理，但都相应存在着自身的不足。去向无关论侧重对贪污罪非法占有的广义解释，强调行为手段的非法性，注重非法占有行为的客观要件，而去向决定论从严格责任角度解释贪污罪非法占有行为的构成要件，强调行为主体和目的的非公性，注重非法占有行为的主体和主观要件。因此，要正确认识贪污案件赃款去向问题，还需要对赃款去向问题进行全面剖析，对非法占有等相关概念进行理性思考。

---

〔1〕 黄维智："财产型职务犯罪赃款去向的证明问题"，载《中国检察官》2006年第5期；许志刚："驳'赃款去向决定论'"，载《人民检察》2004年第11期；陶保灿、张红云："赃款去向不是构成贪污贿赂犯罪的要件"，载《科教文汇》2005年第5期；李钢、陈敬梅："贪贿案件'赃款用于公务支出'情节的法理分析及认定"，载《山西省政法管理干部学院学报》2006年第2期。

〔2〕 此种观点的论述参见许峰、王泰宁："贪污罪赃款去向的举证责任——兼论我国法律应该确立被告人举证责任"，载《中国地质大学学报（社会科学版）》2004年第5期；刘一守："胡滋纬贪污案——贪污罪中非法占有目的的推定"，载中华人民共和国最高人民法院刑事审判第一庭、第二庭编：《刑事审判参考》（总第37集），法律出版社2004年版；孙国祥：《贪污贿赂犯罪疑难问题学理与判解》，中国检察出版社2003年版，第132页。

## 一、赃款去向问题在贪污案件中的地位

### （一）从行为论角度来看

任何一个违法行为都是由主观违法思想和客观违法动作共同构成的，且一个主观违法思想可能通过一个违法动作直接实现，也可能通过几个违法动作共同实现，或一个违法动作同时体现若干主观违法思想，出现违法行为竞合现象。故评价一个违法行为要有整体行为观，要将同一主观违法思想涵括的所有违法动作进行全面考量，缺省同一主观违法思想下应有的某一违法动作，或平添非同一主观违法思想下某一违法动作来评价违法行为都是不完整和不客观的。具体到涉嫌贪污犯罪行为来看，赃款去向行为与非法控制公款行为的主观思想是否同一，即赃款去向行为与非法控制公款行为的主观思想是各自独立还是同一，是评价这两个行为关系的关键。如果行为人在同一主观思想下既实施了非法控制公款行为，又实施了赃款去向行为，则非法控制公款行为与赃款去向行为二者结合，共同体现为一个完整主观思想之下的违法行为，这两个行为就是该违法行为之下的子行为（动作），是整体行为的结构行为。如果非法控制公款行为与赃款去向行为分属不同主观思想下之行为，则非法控制公款行为与赃款去向行为成为两个独立评价的违法行为，互为外在的影响关系。如果非法控制公款行为与赃款去向行为表现的主观思想存在部分包容关系，即非法控制公款行为主观思想部分包容了赃款去向行为主观思想，或赃款去向行为主观思想部分包容了非法控制公款行为主观思想，在非法控制公款行为或在赃款去向行为中体现了二者共同包容主观思想之外的主观思想，行为出现竞合，二者对包含部分行为互为评价影响。

因此，从行为是主观与客观结合的观点来看，赃款去向问题在贪污案件中存在三种地位：一是因赃款去向行为存在于贪污犯罪构成之中，是影响贪污犯罪构成之要件；二是赃款去向行为存在于贪污犯罪构成要件之外，不是影响贪污犯罪构成之要件；三是赃款去向行为部分在贪污犯罪构成要件之中，对包含部分行为的构成要件具有影响力。

（二）从犯罪论角度来看

我国刑法理论通说认为，犯罪的主、客观要件相互依存，互为前提，缺一不可，形成一个相互联系、相互作用又相互制约的有机统一体。“贪污犯罪行为的主观要件表现为具有非法占有公共财物的目的，客观方面表现为利用职务上的便利，以侵吞、窃取、骗取等手段，非法占有公共财物的行为。”〔1〕具体到赃款去向行为来说，犯罪嫌疑人对赃款进行处理时，主观上是否具有非法占有该款的行为目的，客观上是否利用职务之便实施了侵吞、窃取、骗取公款的动作，二者结合一致决定赃款去向行为在贪污案件中的地位、作用。具有非法占有目的所实施的侵吞、窃取、骗取公款的赃款去向行为属于贪污犯罪构成要件行为，不具有非法占有目的所实施的上述行为不对贪污犯罪构成要件进行评价，不影响贪污罪的认定，涵括非法占有目的同时又具有其他行为目的所实施的上述赃款去向行为具有多样性，涵括部分行为对贪污犯罪构成要件具有评价影响。

（三）从刑事诉讼论角度来看

疑罪从无和有利于被告人的诉讼原则都明确要求，当某一行为处于真伪不明状态时，诉讼机关要么进行进一步的查明作

〔1〕 周道鸾、张军主编：《刑法罪名精释——对最高人民法院、最高人民检察院关于罪名司法解释的理解和适用》（第2版），人民法院出版社2003年版，第709页。

为，要么作出有利于被告人的裁判认定。具体到赃款去向问题，当非法控制公款行为因赃款去向问题而处于行为评价不明状态时，应当查明赃款去向行为并结合查明的赃款去向行为对非法控制公款行为进行评判，不能仅从非法控制行为手段的违法性来推定行为人一定具有非法占有的贪污犯罪的主观目的，而应结合赃款去向在涉嫌贪污犯罪行为中的作用进行全面、客观的评价。如通过赃款去向行为能够证实行为人非法控制公款行为具有贪污犯罪非法占有的主观目的，则该赃款去向行为影响贪污犯罪构成；通过赃款去向行为能够排除行为人非法控制公款行为具有贪污犯罪非法占有主观目的的，则该赃款去向行为就不影响贪污犯罪构成；通过赃款去向行为能够部分证实行为人非法控制公款行为具有非法占有的主观目的，则该赃款去向行为就部分地影响贪污犯罪构成。

因此，笼统地说赃款去向不属于贪污罪构成要件，不影响贪污案件的认定，或认为赃款去向决定贪污犯罪非法占有主观故意的认定都是不正确的，要对赃款去向行为与非法控制公款行为的主、客观关系进行全面剖析，将这两种行为放到涉嫌贪污犯罪行为中进行综合评判。

## 二、赃款去向问题对贪污案件的影响

### （一）对贪污案件主体的影响

非法控制公款行为表现为贪污犯罪嫌疑人通过侵吞、窃取、骗取等手段，对公款进行非法控制，行为主体一般是贪污犯罪嫌疑人，但该行为是否体现其个人意志，仍需结合在同一主观思想下的赃款去向行为主体来客观判断。当在同一主观思想下实施的赃款去向行为主体并非贪污犯罪嫌疑人时，显然，非法控制公款行为与赃款去向行为共同体现出的同一主观思想下的违法行为的意识主体就可能不是犯罪嫌疑人本人。因此，需通过对赃款去向行为主体的认识，真实地揭示非法控制公款行为的主体，进而正确地认定贪污案件的行为主体。例如，某单位出纳通过收不入账的手段，非法控制了一笔公款放在单位账外，而使用该笔公款的主体却是单位领导，因此该出纳非法控制公款行为是否是其个人意志的体现就存在疑问，可能是在单位领导的指使下由其具体实施的共同贪污行为，也可能是单位集体决策，由出纳个人具体实施的单位非法使用资金行为。

（二）对贪污案件主观方面的影响

贪污罪主观要件要求犯罪嫌疑人具有非法占有公共财物的主观故意，表现为行为人在非法占有公共财物的主观思想引导下实施非法控制公共财物的行为。这种控制财物行为的目的是对公共财物各项权能的全面侵害，包括占有、使用、处分和收益等财产权利。当行为人通过非法手段控制公款之后，该控制行为是否一定体现非法占有的主观故意？在没有赃款去向行为或赃款去向行为与非法控制公款行为不为同一主观思想的情况下是没有异议的。当存在与非法控制公款行为同一主观思想的赃款去向行为的情况下，要综合赃款去向行为全面认定涉嫌贪污犯罪行为的主观思想。例如，某国家工作人员利用职务之便，用假发票在财务上报销公款后，辩称该款是用于报销此前为单位垫支的某项没有发票的开支，因而其用假发票在财务上报销公款的行为目的是否具有非法占有的故意就存在疑问。从严格责任来讲，行为人没有侵害公款所有权，该公款仍在单位的控制下并被单位使用，个人不存在非法占有公款的主观故意。因此，认定行为人非法占有的主观故意仅从行为人实施了非法控制公款的行为来推定是有缺陷的，要结合与非法控制公款行为同一主观思想的赃款去向行为进行综合评定。

（三）对贪污案件客体的影响

贪污罪侵犯的是双重客体，包括公共财产的所有权和国家的廉政建设制度，这也是贪污罪与盗窃、侵占、诈骗等财产型犯罪的根本区别。而之所以出现赃款去向问题，主要是因为在现实中确实存在没有侵害公共财产所有权或国家廉政建设制度的非法使用公款的行为，不是所有非法控制公款行为都侵害了公款所有权，也不是所有非法控制公款行为都侵害了国家的廉政制度。如前面举例的用假发票报销个人为公开支款的情况，公款所有权并没有受到侵害，只是被非法使用。又如国家隐蔽战线斗争中，用打白条的方式报销特支费用的非正常报销公款行为是否侵犯了国家的廉政建设制度，就要结合该特支费的使用情况而定。因此，仅通过对非法控制公款行为来看涉嫌贪污行为侵害的客体是不全面的，还要结合在同一主观思想下赃款去向行为体现的客体来具体评价。

（四）对贪污案件客观方面的影响

贪污罪客观方面表现为利用职务上的便利，以侵吞、窃取、骗取等手段，非法占有公共财物的行为。贪污行为一般都具有隐蔽、不为他人知晓的特点。为达到非法占有公共财产的目的，在表面合法的职务行为中，行为人采取各种贪污手段非法控制公款，并秘密地对已占有的赃款进行处理。当行为人不具有非法占有目的地非法控制公款后，其对该款的处理一般存在一定的知情范围，或主要领导知情，或单位大多数同事知晓。在这种情况下该非法控制行为因与其相关的处理行为的公开性，就不具有侵吞、窃取或骗取等手段的行为特征，涉嫌贪污犯罪的赃款去向行为排除了非法控制公款行为的贪污犯罪客观方面的构成要件。

从上述分析可以发现，赃款去向行为通过影响涉嫌贪污犯罪行为主体、主观目的、客体和客观方面各构成要件，影响涉嫌贪污犯罪行为的责任承担者、行为目的、行为对象及行为手段，进而影响涉嫌贪污犯罪行为的法律评价。

## 三、贪污案件赃款去向问题的解决

### （一）彻底查明赃款去向事实

在赃款去向问题中表现最突出的就是赃款去向事实如何查明，这也是赃款去向问题发生的主要根源。“对赃款的实际去向，侦控方去证明尚有特殊的困难。如嫌疑人以随便性的辩解应对，今天说送甲，经查无此事，明天说记错了，其实是送乙，经查无此事……这样周而复始，无穷无尽，显然放任其口供的随意性必将严重损害司法的公正和效率。”[1]犯罪嫌疑人利用赃款去向反侦查的表现，（包括）“无休止地辩解……出伪证……内外串供……事后翻供……（会）增加诉讼成本，挫伤办案人的信心和积极性。”[2]“主张赃款去向不属于检察官举证的范围”，[3]“赃款去向不属于检察官举证启动诉讼的范围，赃款去向用于公务作为嫌疑人削弱指控的辩护理由，是其行使辩护权利的表现……辩护人不仅应当一般地说明情况，还应当举出适

〔1〕 林幼红：“关于贪污案件赃款去向的几个问题”，载《广西政法管理干部学院学报》2003年第S1期。

〔2〕 曹进、胡伯坤：“贪污罪既遂后赃款去向的认识误区给侦查工作带来困扰”，载《理论界》2004年第5期。

〔3〕 陶保灿、张红云：“赃款去向不是构成贪污贿赂犯罪的要件”，载《科教文汇》2005年第5期。

当根据合理的释明情况”。〔1〕“证明赃款去向的困难和我国刑事诉讼法对检察机关举证责任的过高要求导致赃款去向的举证成为指控贪污罪的瓶颈……将这一部分的举证责任转由被告人承担，这与我国刑事司法的理论与实践并不矛盾。”〔2〕从以上观点可以看出，侦查机关对查明赃款去向事实确实存在难处，且担心犯罪嫌疑人无休止地翻供，并要求嫌疑人承担举证责任，进而引用证据规则在嫌疑人提供赃款去向事实证据不足时，由其承担证据不利的后果。这种观点是否正确值得思考。

我们知道，赃款去向行为属于行为人积极实施的作为行为。“刑法意义上的作为，是指行为人所实施的为刑法所禁止的积极活动。”〔3〕赃款去向的作为行为存在明确的行为主体、行为标的、行为对象和行为动作，至案发时行为标的和行为对象仍然可以发现，行为构成要素的重现性条件比较高，因此，赃款去向行为的查明方法和要求并不比查明一般犯罪行为特殊。不能说犯罪嫌疑人可能无休止地改变供述，案件真相就会查不明了。从这个角度来看，赃款去向查明难的根源不在于侦查内因素，而是在于侦查外因素，即存在侦查人员以外的因素使赃款去向事实不能查清、不想查清或不敢查清。例如，因赃款去向涉及某一层次的高级官员，或会揭露某一领域的犯罪事实，甚至查明赃款去向事实会危及侦查员自身的稳定，在这种情况下，来自某一方面的声音作出明确指示设置赃款去向事实查办的范围，范围外事实成为禁区，无法查明。因此，赃款去向事实查明难

〔1〕 黄维智：“财产型职务犯罪赃款去向的证明问题”，载《中国检察官》2006年第5期。

〔2〕 许峰、王泰宁：“贪污罪赃款去向的举证责任——兼论我国法律应该确立被告人举证责任”，载《中国地质大学学报（社会科学版）》2004年第5期。

〔3〕 屈学武主编：《刑法总论》，社会科学文献出版社2004年版，第122页。

不是事实真相查明难，而是越过腐败犯罪分子在司法实践中设置的障碍难。

当然，要查明赃款去向事实需要犯罪嫌疑人提供赃款去向线索，但不能把这种提供线索的义务等同于刑事证明的举证义务。有人说巨额财产来源不明罪突破了被告人不承担举证责任的刑事证据规则，笔者认为这是错误的。巨额财产来源不明犯罪嫌疑人向法庭举证主要是对抗起诉，说明财产来源合法，来源不合法的证明责任即有罪的证明义务仍在控诉方。被告人不能自证、无证的刑事规则是人权保障进步的证明，赃款去向问题事关犯罪嫌疑人是否存在贪污犯罪行为的有罪事实，证明的责任只能在控诉方。在被告人提供了赃款去向线索后，如控诉方证明不能，则应从有利于被告人原则推定事实存在，而不是推定事实不存在。只有在被告人不能提供赃款去向线索的情况下，因被告人非法控制公款的先行为产生的责任，才能要求其承担不利的证明后果。

(二) 正确理解贪污罪的非法占有行为

由于赃款去向查明难，办案人员产生了回避查明难题的做法，即通过不查赃款去向事实，而是根据需要和办案角色来曲解或扩大贪污罪的非法占有概念。同时，《刑法》第 382 条第 1 款规定：国家工作人员利用职务便利，侵吞、窃取、骗取或者以其他手段非法占有公共财物的，是贪污罪。但刑法没有具体说明什么是贪污罪的非法占有，也给办案人员留下了自由解释的空间。去向无关论认为，“无论何种形式的非法占有，都属于刑法上非法占有的范畴”。[1]只要行为人通过非法手段实际控制

---

〔1〕 田毅：“军队贪污案件若干问题探析”，载《中南财经政法大学研究生学报》2006 年第 1 期。

了公款，不论是为行为个人占有目的控制还是行为个人为他人占有目的控制，均构成贪污罪的非法占有。去向决定论认为，“在行为人将赃款用于公的场合，行为人并不具有为贪一己私利的主观故意”。〔1〕贪污罪的非法占有只能是非法占为己有或非法控制后转由单位以外的第三人占有，为单位目的非法使用资金行为不能构成行为人个人的贪污犯罪。

从非法占有的字面意思来看，上面两种观点都有合理的一面。有学者认为：“所谓‘非法’，通常认为是指缺少正当的理由、根据，既包括为法律明文禁止，又包括一般社会观念所不容。”〔2〕因此，非法的范围可以包括从违反法律、法则、财经制度直至违反一般正当观念的范畴。而对占有的理解更是宽泛，可以从民法上单一占有行为延伸到民法中财产所有权包括的四项权能的整体来进行理解。对非法占有主体的理解也是一个难题。从立法上看，“刑法条文明文规定了贪污罪的定罪量刑数额起点标准，且每一起点数额前均冠以‘个人贪污数额’作定语……由此可知，非法占有主体应当是个人而不能是单位”。而在最高人民法院2002年6月“全国法院审理经济犯罪案件工作座谈会讨论办理贪污贿赂和渎职刑事案件适用法律问题意见综述”中，关于贪污犯罪有关法律适用问题的说明认为：“行为人控制公共财物后，是否将财物据为己有，不影响贪污既遂的认定。”〔3〕据

---

〔1〕 许峰、王泰宁：“贪污罪赃款去向的举证责任——兼论我国法律应该确立被告人举证责任”，载《中国地质大学学报（社会科学版）》2004年第5期。

〔2〕 裘泽群等：“对《非法占有与非法占用》一文的讨论（下）”，载《人民法院报》2005年5月25日。

〔3〕 清国：“准确理解和适用刑事法律惩治贪污贿赂和渎职犯罪”，载中华人民共和国最高人民法院刑事审判第一庭、第二庭编：《刑事审判参考》（总第27集），法律出版社2002年版。

此，一些司法工作人员认为这是对单位可能成为非法占有主体的认可，认为非法占有不仅包括个人占有，为单位非法占有也构成贪污犯罪，使贪污罪非法占有问题更加复杂化。

要准确理解贪污罪的非法占有概念还要从贪污罪的立法说起。"1979年，我国第一部刑法典开创先河，以贪污单独定罪……将受贿、索贿、挪用公款及其他渎职型经济犯罪行为剔除在外，单纯追究国家工作人员利用职务之便非法占有公共财物的行为。1988年1月21日，全国人大常委会……刑法和《关于严惩严重破坏经济的罪犯的决定》中关于惩治贪污罪、贿赂罪的规定作了重要补充，扩大了贪污罪、受贿罪的主体范围……1997年3月14日……修订刑法吸收了原刑法颁行以来立法经验，对贪污罪的规定有了较大的变化。在立法体系上，将贪污罪分离出'侵犯财产罪'，与贿赂、挪用公款等涉财职务犯罪合并规定为专章'贪污贿赂罪'……与原刑法相比，其基本内涵即贪污罪独立成罪，主体指向国家工作人员，客体体现对公共财物的保护。"〔1〕因此，贪污罪的主体只能是国家工作人员个体，单位不能成为贪污罪的主体。而认为单位非法占有也由具体行为人构成贪污犯罪的说法，显然违背了罪责自负的刑法原则，混淆了行为实施主体和行为责任主体的区别。对占有的理解应当采用客观的观点。认为占有就是所有显然不对，公共财物不因行为人非法手段控制而改变所有权，被贪污犯罪行为侵害的公共财产在整个犯罪过程中称谓虽然发生变化，其所有权性质没有发生转变，仍属于公共财产。认为占有仍是一般民法上的占有显然站不住脚，在贪污犯罪人将非法占有的公款进行使用处分并收益，或在挪用公款犯罪行为人将公款挪作他用，或在私分国有资产犯

〔1〕 唐保银："贪污罪论"，吉林大学2006年博士学位论文。

罪行为人将公款进行私分的情况下，行为人都完成了对公款的占有，但却属于不同的犯罪行为。因此，贪污罪非法占有的标准是行为人意图个人非法对公款进行永久性控制，包括控制之后以表面合法或非法方式，将财物转由他人控制。因此，我国贪污罪所称的非法占有，占有主体只能是行为者本人，包括本人占有后转由他人控制；占有的状态是永久性非法控制，而不是所有。

（三）打击非法使用公款行为

厘清了赃款去向事实和贪污罪非法占有问题之后，可以发现在贪污犯罪行为与依法使用公款行为之间，还存在为公目的的非法使用公款行为。这类行为主体是单位，行为实施者是国家工作人员，行为手段非法，行为违反了国家对公款管理使用的规章制度。进一步分析可以发现，目前对非法使用公款行为不进行打击的结果正是产生贪污腐化问题的渊源，是以公的名目达到谋私的目的的保护伞，是特权在控制公款并非法使用的漏洞。非法使用公款行为的普遍表现，一是在逢年过节中集体决策以单位名义向上级领导、业务部门送钱送礼；二是以单位的名义接待领导亲朋好友和友邻单位来人吃喝游玩；三是不以真实名义报销专项业务经费。这类行为一般公私难分，发生的原因既有当前官场潜规则所使，也有部门领导挟单位名义为个人升迁铺路为实。从严格责任来讲，行为主体为单位和主要领导人，行为实施者并不是主要责任人，以具体实施者个人构成贪污罪来处理显然放纵了真正的责任主体。因此，应当增设非法使用公款罪名，对以单位名义非法使用公款行为进行打击，将单位主管人员、具体责任人员作为受罚主体，区别于贪污罪进行处罚，完善国家机关中个人以外主体侵害公共财物所有权和国家廉洁制度的防范条款。

# 经验篇

# 五、辩护之灵魂：法治思维

## 实现目的的有效辩护

实现辩护目的，当然是成功辩护的标志。使辩护成功的因素很多，包括辩护目的与办案目的相一致的因素，也包括辩护目的与办案目的不一致的因素；包括法律规则内的因素，也包括法律规则外的因素。作为辩护方法研究的辩护目的，我们暂时只考虑与办案目的不一致且在法律框架内的因素。即在辩护方向与办案方向不一致时，如何通过纯法律手段实现辩护目的问题。

### 一、辩护目的的定义与特点

目的，是想要达到的地点或境地，从辩护角度来讲就是想要得到的案件结果。结果，是在一定阶段事物发展所达到的一种状态，这个状态与辩护的期望一致时，就实现了辩护目的，不一致时，辩护目的就没有达到。因此，辩护目的就是在一定辩护状态下的某种希望的案件结果。具有如下特点：

（1）辩护目的是主观的动态结果。目的是想要达到的结果，结果是想要实现的目的。因此，目的首先具有主观性，而且是动态的主观性。目的的主观性特点就告诉辩护人，不要机械地设定目的，也不要完全地依赖于当事人给定的目的。要根据案件的不同阶段，根据不断发展变化的案情正确引导当事人的预期和实事求是地设定辩护目的。所以，辩护目的就是把握案件客观与主观的统一问题。

（2）辩护目的具有阶段实现性。这是与案件的阶段性相对应的特点。一个案件一般包括侦查、审查、起诉、执行四个阶段，在目的没有实现的情况下，还有申诉、复查、再审、再执行（回转或赔偿）等阶段。辩护目的具有阶段性，并不是说这些案件阶段都只有一个目的，而是说在这些阶段上各自有各自的辩护目的。这是由案件可能在任何一个阶段结束的特点所决定的。侦查阶段如果被认为无罪，那么案件就作无罪结案了；审查阶段认为可以不起诉，那么案件就作不起诉决定处理了；审判阶段作了刑罚处罚宣判，那么案件就有了明确的刑罚结论。任何一个案件都可能停止在任何一个阶段上，且在任何一个阶段上都可能实现了辩护的目的而无需再往下一个阶段进行。所以，一个案件的辩护目的不是一成不变的，而是随着案件阶段进行重新设定。

（3）辩护目的具有形式合法性。这是从辩护人的诉讼地位来讲的。诉讼规则没有赋予辩护人揭发当事人的一般义务。相反，诉讼规则赋予辩护人为当事人申辩的权利。因此，辩护人即使明知当事人确实有犯罪行为，也有在证据材料不足的情况下为当事人作无罪辩护的权利。所以，辩护目的可以不具有实质合法性，只要有形式合法性即可。另外，辩护目的的形式合法性也不要求建立在证据的形式基础上，这是罪刑法定与被告人不能自证其罪的刑法原则下的合理规则。没有证据就是无罪，证据不足也是无罪，证据存疑依然是无罪。所以，辩护目的的形式合法性的对面就是证据的确实充分标准，但这个标准的实现必须有审判结果，即宣判时才能具体明了。

## 二、办案思路与辩护目的

办案机关的办案思路，就是办案机关认定当事人有罪因而提起诉讼的逻辑内容。通俗地讲，就是办案机关认为该案达到了事实清楚、证据确实充分的逻辑结构是什么。办案思路是建立和实现辩护目的必须研究的根本问题。

（1）办案思路是案件进入诉讼程序的基础。任何案件要进入诉讼程序，都必须达到一定的证据和事实认定的标准。发现犯罪事实是诉讼起点，发现犯罪事实的证据达到确定犯罪存在时即进入立案程序，立案后进一步侦查发现更多的证据，并且所有证据都指向共同的犯罪方向，就可以确信犯罪存在并且应当移送起诉机关处理。起诉机关对侦查机关移送起诉的材料要进行充分必要性审查，一是证据材料是否达到充分证明犯罪存在的条件，二是即使存在犯罪行为是否有向人民法院提起刑事诉讼的必要。人民法院在审理刑事案件时，是否达到排除合理怀疑和疑罪从无的证明标准。这些审查都说明，一个案件在任何一个阶段，都有该阶段应有的办案思路，否则案件就进入不了下一个阶段。

（2）办案思路包括定罪思路和量刑思路。2009 年开始量刑规范化改革试点以来，量刑问题已经成为一个独立的诉讼阶段。定罪思路考虑的是犯罪事实是否存在，存在的犯罪事实是否达到了有罪的程度。量刑思路考虑的是存在的罪刑该当何种、何种程度的刑罚处罚，有哪些因素是增加或减少该当的刑罚处罚的。办案思路的两分使得辩护目的也要在两分下作一个安排，辩护目的的定性与定量问题。并且在定性与定量之间还要有一个权衡。比如，定一个罪名是否一定比定两个罪名在量刑上有优势，特别是在涉案金额跨越一个量刑档次的时候，定一个罪名就要在上一档刑罚范围内量刑，而定两个罪名反而都在下一档刑罚范围内量刑，当然是定两个罪名的实际效果反而比定一个罪名的要好。

（3）办案思路的基础是有效证据。证据是证明犯罪事实的材料，是能够作为证据使用的证据材料。一个案件进入诉讼，会有各种各样的材料出现，但必须是与犯罪构成和量刑事实有关的材料才能作为办案证据使用。所以，辩护目的的基础也要从有效证据出发。从根本上打击办案思路的最有效方法就是抽掉它的有效证据，或膨胀它的证据之间的矛盾。

（4）办案思路逻辑结构应当具有封闭性。逻辑结构不封闭，逻辑路径就会有分歧。而分歧如果走向了主流的反面，就可能形成合理怀疑，从而撕裂整个办案思路的完整性。因此，办案思路的逻辑结构要能自我圆满，排除方向不一致的其他结构，或调整其他不一致的支路到统一的逻辑方向上来。比如，一个犯罪现场的物证，对办案机关来说，是犯罪发生的有力客观证据，相反，对辩护人来讲也是证明被告人与犯罪现场是否存在关联性的有力客观证据。

## 三、辩护目的与当事人预期

前面讲了，辩护目的是一个主观的东西，主观的东西在主观体现时就有主观的程度。这个程度就是与当事人预期的一致性。

法律服务工作说到底还是一项服务工作，是要让当事人满意的服务工作。当事人不满意，辩护得再好也是劳而无功，甚至会招来当事人的投诉和漫骂。这点，相信很多律师都有一肚子苦水倒不完。所以说，从这个角度来讲，一个案子在法律上的成功辩护并不是真正的成功，能在法律上和当事人满意上都成功，才是真正的成功。道理很简单，只要当事人不能回到被抓之前的无损失状态，任何的哪怕是无罪宣判的结果，都是当事人不满意的结果。所以，如何平和当事人的预期，是实现辩护目的的另一个非常重要的工作。

（1）要对案件走向有一个客观预判。这个预判是站在办案机关的角度上作出的。当然，这个预判要以很老到的办案经验为基础。如果自己实在判断不出来可能的结果，最好找老律师帮忙。还有，这个预判一定要在现有证据的基础上，实事求是地判断，不要拍脑袋盲目预想。为什么要做一个这样的预判，是因为这样一个预判是你与当事人交换办案思路的基础。有了这样一个客观的办案走向的预判，心中就有一个办案的基本结果。在这个基本结果的基础上，你与当事人交换意见的时候就不会信口开河。

（2）与当事人交换办案预期要有“好、中、差”。在对案件走向作出一个客观的预判后，还要对办案预期作一个好、中、差的诉讼准备。“好”是办案的最好走向，在考虑所有有利证据都被办案机关采纳的情况下的一个最好结果。“中”是办案的中间走向，在考虑好也考虑坏的两个情况下，办案机关可能给予的一个折中结果。“差”就是办案的最坏打算，这就是把所有不利因素都要考虑进来的最坏的一个结果。但是，有一条要明确，不管这三个结果如何，都要紧紧围绕全案证据考虑判断，不能离开证据讲空话。

（3）引导当事人作决策。诉讼过程中的法律事项决策，当然是辩护人的义务，但要善于将这个专业的义务转化为当事人的决策参与。当事人不是法律专家，但当事人听得懂法律问题。所以，在诉讼过程中的决策，尽可能地与当事人进行研讨，并在研讨过程中引导当事人决策。当事人一旦参与决策之后，一是对决策的事项心中有数；二是对决策的结果会有预判；三是能够平和地承担决策后果。

当然，诉讼目的的实现是一个综合系统，辩护人在诉讼过程中具有独立的法律地位，不能一味迎合当事人的愿望，也不能一味追求法官的公正。只要能够站在当事人的位置上，为当事人争取到更多的诉讼利益，就是实现诉讼目的了。

## 辩护进路与裁判路径之离合

辩护与裁判，一个案件的两个视角，或多视角扫描下的交叉重叠。不管如何，二者的进路与路径之离合技术，正是诉讼艺术的紧要。

辩护进路，是辩护的司法角色。为了预防司法擅断对无辜者的肆虐，宙斯也怂恿魔鬼在垂死之前进行申辩。辩护的目的就是将公权力指控予以削弱或者推翻，目标是警察制度强加于被指控者心灵上的绞索，手段是对法治城堡的攻坚。这种制度设计，辩护必然是一种进路模式。

裁判路径，是裁判者优势地位形成的一种可选择性。他们俯视控辩，挑剔思考，选择可以自圆其说的判词，对被指控者的态度，在保证一种安全感的同时寻求那个罪该当罚的结果。在裁判者看来，每一个案件都存在多种可行之路，但那个与自身最佳的捷径，才叫裁判路径，这是首选。

从形式看，辩护与裁判一前一后，而从实质看，二者是齐头并进、同时展开。裁判者开庭审理案件，辩护者展开调查；裁判者开始调查，辩护者进行攻坚（观点沟通）；裁判者准备路径，辩护者引导路径。总之，在整个阶段，裁判是渐入佳境，辩护要不断揣摩。裁判不出，辩护不止。不能把辩护看作是庭审的一场表演，也不能把裁判看作是闭门造车，辩护与裁判，是整个程序中一个不断相互影响、相互渗透的离合过程。

展开离合，要分清同异。案件的各种评价（有罪、无罪；罪重、罪轻；酌情、政策）都在客观事实或法律事实中确定。要在主流观点中找共同点，有多少共同点，离合之路就有多长；

要在非主流观点中找差别，观点分道扬镳处，便是辩护的着力之处。所谓办案求同存异，以异比拼，就是分清离合，有同有别。

进路与路径，一方面是水平，另一方面是话题，关键靠悟。辩护时，同议之处话可重些，异议之处话可华丽。裁判也是如此，但在异议之处，可能要下刀尖上的功夫，让人服气，离合的艺术就有了牢靠的思想基础。

# 程序性辩护的有效路径

程序性辩护已经出现在中国法治的理论、立法、司法各个层面上，特别是非法证据排除规则出台，使程序性辩护成为可能和期待。但从这几年刑事辩护的实践来看，程序性辩护的效果却是不尽如人意，成功的案例微乎其微。相反，一些案件因为采取了程序性辩护，激怒了办案人员，不但没有获得有利的效果，反而被认为是对抗办案从重处罚。这里面有执法水平问题，有诉讼结构问题，还有审判理念问题。但从辩护人如何开展有效辩护的角度来讲，律师的辩护能力问题也是很大的因素。

## 一、两个程序性辩护案例回顾

### 【案例一】孙某危险驾驶案

2018 年 1 月 29 日晚 9 时 40 分，孙某酒后驾驶车辆，先后与三辆轿车发生碰撞。主动投案后，呼气酒精检测含量为每 100 毫升 226 毫克，抽血送检酒精含量为每 100 毫升 273.7 毫克。孙某被以危险驾驶罪移送起诉。

诉讼过程中，我们对呼气酒精含量与抽血酒精含量的差值达到了每 100 毫升 47.7 毫克，远远超出了一般标准产生质疑。认真核对证据后，意外发现医生抽血时没有按公安部要求使用非酒精棉球，进而发现当晚血液样品没有按要求封存在 4 度以下的密闭容器中（血样存放超过一定温度时自身会产生酒精成分），而是被办案人员随身带在超过 25 度的空调警车上，直到第二天上班才送检。发现这些证据后，我们提出了血液检测酒精含量不能作为定案证据的辩护意见。

这引起了办案机关的高度重视，特别是公安机关迅速对当晚出警人员进行了调查，及时调取了医院监控录像，召集办案专家研究对策。但遗憾的是，案件经过一年半的延期审理，法院一方面确认了侦查机关血液检测程序不当，另一方面仍以孙某确实喝了大量白酒为由，综合认定酒精含量鉴定结论，作了有罪判决。

**【案例二】王某贪污、巨额财产来源不明案**

某会计师王某，被指控在 2007 年 4 月、5 月，以报销加塞发票的形式贪污公款 80 万元。移送起诉后，辩护人发现公诉机关指控的加塞发票并非加塞形成，80 万元的贪污指控陷入证据不足的状态，案件被退回补充侦查。补充侦查期间办案机关重新开始侦查，发现 2012 年、2013 年期间，被告人王某利用职务便利报销了个人开支 40 余万元，对其家庭财产审计存在 200 万元巨额财产来源不明问题。遂变更起诉并撤回之前起诉。

在这个案件代理过程中，笔者的第一感觉就是办案人员没有把案子做透，让被告人作了充分对抗准备。因为第一次会见被告人时他就明确喊冤，而在此之前他一直是认罪的。他向辩护人陈述他没有贪污这些公款，都是纪检人员逼迫的。被告人特别指出，主办此案的一名纪检人员赵某，随案到检察院被任命为临时检察员继续侦办此案，每次讯问前赵某都要对他进行一番教育。辩护人感到这个程序一定有问题，纪检办案人员跟随到检察院来继续办理同一案件这是极少有的现象，其目的当然是防止被告人翻供。

得知这一情况后，合议庭法官非常重视，但找不到明确禁止的法律规定。公诉人明确认为，纪检人员并不是刑事诉讼法意义上的办案人员，纪检办案也不是刑事诉讼法意义上的办案，不适用一名办案人员不能参与一个案件的两个以上程序的规则。但我们认为，赵某既是本案的证人，也与本案结果存在利害关系。因为赵某在案件移送检察部门立案之前就掌握了案情，当然属于证人。纪检部门移送的纪检材料，正是检察院立案的根据，是检察院办案的证据材料。所以纪检人员赵某作为临时侦查员办理此案时，必然要审查自己制作的纪检材料。这恰好与证人不能是办案人员规则相违背。另外，纪检部门移送的案件能否得到检察机关、法院的支持，直接关系到纪检人员的办案质量和办理错案是否会被追究责任的问题。即纪检人员赵某在该案移送起诉后，该案的诉讼结果与其本人有重大利益关系，也应当回避。

指出这两个问题后，审判庭高度重视，启动了非法证据排除程序，对纪检人员赵某在侦查办案期间作的笔录能否适用的问题进行了程序性审查。遗憾的是法庭并未明确支持辩护人意见排除相关证据，但可喜的是审判长当庭释明，纪检干部赵某制作的证据及其在侦查期间参与制作的证据将不会直接被采信。最终法院拿掉了第一次起诉的 80 万元贪污数额和 200 万元的巨额财产来源不明犯罪指控。所以，这个案件从形式上看程序性辩护是失败了，但从实体上看是成功的。

## 二、程序辩护难以成功的原因分析

2019 年办理的刑事案件中，提起程序性辩护的有 5 起，法院明确支持的没有，但法院实质性支持的有 2 起（在定性和量刑时给予了充分考虑）。究其原因，笔者认为有以下几个方面。

### （一）对刑事诉讼程序合法性的审查实质是一种刑事附带行政诉讼审查

从程序性辩护本身来讲，程序性辩护针对的是办案机关的违规不当程序行为，根本来说是对公检法机关的一种行为否定。因此，有学者提出“程序性辩护作为一种用于挑战公检法机关诉讼行为的合法性来寻求法院宣告无效的辩护活动，必将陷入极其艰难的境地”。所以，笔者认为，从程序性辩护的对象来看，程序性辩护的实质是一种行政诉求行为，其批判的对象是办案机关的侦查行为、检察行为甚至是审判行为。除了审判行为具有完全司法性外，笔者认为侦查行为、检察行为均是一种行政行为，对侦查、检察行政行为的合法性审查就是程序性辩护的实质。因此，我们也可以说，刑事诉讼中的程序性辩护是刑事附带行政诉讼的结合，对抗的是侦查、检察甚至审判机关的职务行为，其难度可想而知。

### （二）刑事诉讼程序性审查的证明标准是“补正”或“合理解释”标准

目前我国刑事诉讼程序性审查的证明标准是柔性且主观的标准。《刑事诉讼法》第56条第1款规定：“采用刑讯逼供等非法方法收集的犯罪嫌疑人、被告人供述和采用暴力、威胁等非法方法收集的证人证言、被害人陈述，应当予以排除。收集物证、书证不符合法定程序，可能严重影响司法公正的，应当予以补正或者作出合理解释；不能补正或者作出合理解释的，对该证据应当予以排除。”且最高人民法院《关于适用〈中华人民共和国刑事诉讼法〉的解释》第132条规定：“……经审查，对证据收集的合法性有疑问的，应当进行调查；没有疑问的，驳回申请……当事人及其辩护人、诉讼代理人……以相同理由再次提出申请的，人民法院不再审查。”从这些规定可以看出，非法证据必须达到严重影响司法公正，且不能“补正”和“作出合理解释”的，才予以排除。并且当法庭认为没有疑问的，辩护人不得以相同理由再次申请排除。也正是这两条规则，使得程序性问题的审查标准充满了柔性，因为“补正”和“合理解释”的标准极具有弹性。因此，司法实践中大部分程序性辩护经过事后的补正和合理解释，都被法院驳回，且不能再次申请。

### （三）公检法三家分工配合制约机制使得法院最终不得不为程序性问题作硬处理

法院有依法维护侦查、检察机关诉讼行为的权威性的义务。这个义务在程序性审查中体现得更为明显。原因主要出在基层侦查人员办案素质问题上，或由于案件的特殊情况，存在不能完全依程序办案的情况。从笔者办理的刑事案件来看，存在程序性问题的案件确实占有一定比例。对法官来讲，他们一方面要维护司法的公信力，一方面不得不在立法上已经建立起排除合理怀疑的程序性审查标准的情况下，仍然坚持实质性审查原则，以内心确信标准来裁判程序性存在瑕疵的刑事案件，维护侦查机关的地位。

### （四）程序性辩护产生的后果是司法部门难以承受的

从程序性辩护的后果来讲，一旦程序性辩护得到支持，整个案件将发生坍塌式否定。从前面两个案例可以看出，如果法院认定孙某血液检测结论不能被采纳，那么根据最高人民法院关于危险驾驶罪的司法解释，孙某就应当认定为无罪。而王某贪污、巨额财产来源不明一案正是因为法院在实质上不采信纪检干部赵某参与办案期间所作的证据，才判决王某 80 万元的贪污犯罪不成立，其巨额财产来源不明也是因为证据标准问题而没有得到法院的支持。从这两个案例我们感到，程序性问题在一个案件中往往贯穿始终，一个程序性问题被确认无效，整个案件就有可能被推翻。这个结果是当前我国司法实践难以承受的。这个问题是程序性辩护至今在中国司法环境中极少取得成功的原因所在，且有其存在的合理性。作为当前的刑事辩护律师，要正确认识这个问题。任何制度的合理性都需要有其合理的土壤。犹如刑事诉讼法理论的发展过程一样，当司法环境不成熟时，追求超前的司法理念是不合时宜的，这也应合了司法的保守性。

## 三、在当前司法环境下如何展开有效的程序性辩护

通过对以上程序性辩护为什么难以成功的原因分析可以发现，程序性辩护想要成功就必须克服以上几个困难。说白了，就是要让以上几个阻却因素，在我们的有效辩护中无法发挥作用。

### （一）正确理解程序合法性的审查标准

《刑事诉讼法》第56条规定在“收集物证、书证不符合法定程序，可能严重影响司法公正”时，应当予以“补正”或者“作出合理解释”，仅在不能补正或者作出合理解释时，才排除该证据。所以在司法实践中，各种补正和解释满天飞，形成了程序性事项证明的“补正”或者“合理解释”标准。比如，我们接触过一个交通肇事案件，它的现场勘验笔录是第二天恢复现场后做的，提取的事故路段附近的监控录像时间存在2分30秒的时差，肇事车辆鉴定意见书的鉴定日期错误、两处文字表述错误，以及被害人人体损伤程序鉴定中存在的笔误错误等问题，办案机关先后出具了近10份情况说明或解释。特别是事故

路段监控录像的时间差问题，没有这个时间差就不能证明被告人与被害人在事发点上相遇过。而提取录像为什么会有时间差这么重要的问题也被一个“时间设定错误”的说明给“解释”了。因此，作为辩护人要想办法来制止这种随意的补正和解释行为，必须是“补正”和“解释”问题进行全面透彻的理解。

首先，《刑事诉讼法》第56条规定的“补正”和“解释”的主体是谁？笔者认为不是裁判机关，至少“补正”的主体不应当是法院（除了法院在程序性问题上出现了问题需要补正），否则就与其居中裁判的司法地位相矛盾了。这点很多法院往往站位错误，比如我们讲的案例一孙某危险驾驶罪案中，对抽血程序违反规定的问题，在判决书中认为使用了干棉球擦拭的解释就是法院讲的，检察院并没有讲过，法院作这个补正显然没有站在居中裁判的位置上。“解释”的主体也同样，如果法院可以帮助侦查机关作解释，那么对这个解释辩护人就无法进行质证，因为法院对其自身的解释是不会予以否定的。其次，“补正”和“解释”的内容应当是程序性的，仅针对之前出现的程序性问题补正和解释。比如提取物证未做提取笔录，但提取时见证人都在现场，这时可补充做一个笔录，这是程序性的。如果提取物证时根本就没有见证人在场，侦查人员事后解释说该物证确实是该物证，这就属于事实解释而不是程序问题，不能弥补提取物证存在的程序问题。再次，补正和解释应当有充分的逻辑依据。现在出现问题最多的就是大家感到办案机关的补正和解释太随意，甚至不符合逻辑性，无法让人信服。而法院又不作实质性审查，仅根据《刑事诉讼法》第56条说办案机关已经作出了补正或解释，本院采纳，还不允许辩护人再申辩。所以我们说，程序性辩护的根本问题出现在“补正”和“解释”的证明标准上，但核心出现在对“补正”或“解释”的审查标准是否能实事求是的问题上。最后，补正和解释后是否仍影响司法公正。刑事诉讼法的要求是如果程序性问题严重影响到司法公正的可以要求补正或解释，且说在“不能补正或者作出合理解释”时，才排除该证据。但刑事诉讼法没有说如果补正和解释仍然严重影响司法公正时如何处理。因此，法院的做法是只要有补正和解释就不作排除，对于补正和解释的合理性基本不作实质审查。但从辩护角度来讲，必须紧紧盯着补正和解释的合理性和逻辑性，只要补正和解释仍存在严重影响公正的可能性就必须作进一步的辩护。

（二）初步证明责任要做扎实

第一，要正确理解程序性辩护中的举证责任。《刑事诉讼法》第 58 条规定：“……申请排除以非法方法收集的证据的，应当提供相关线索或者材料”。因此，虽然程序是否合法的证明责任在公诉方，但法律仍要求辩护人提供相关线索或者材料。笔者认为，这是客观上把证明责任转移到辩护方。很多辩护人在提出非法证据排除后，天真地认为检察院必须对有关事项作进一步说明。而检察官在庭上往往只说一句话：“现有的证据没有发现存在违法问题，如果有请辩护人举证证明。”法庭此时也会附和要求辩护人举证。所以，提出程序性辩护的一方，一定要认清刑事诉讼法对这一问题规定的现实解读，有问题的举证责任不在公诉方，而在辩护方，且这个举证的证明标准不是合理怀疑标准，是补正和解释不能标准。因此，在提起程序性辩护的过程中，辩护人一定要争取充分举证，把问题说清说透。否则公诉人一个简单的补正就把你的辩护意见驳得体无完肤。

第二，要把程序性问题讲透、讲到实质。一是要有强制性规则为依靠。强制性规则是办案机关必须遵守的。所以辩护人在批评办案机关程序性问题时，一定先找强制性规则有哪些，有无例外规则，例外规则需要什么条件。这些都要作全面的梳理，不能有遗漏，否则就难以立论。二是尽量用对方的证据作证据。对方的证据是对方提供并作为办案的依据的，其证明力、说服力都大于辩护方提供的证据。任何证据都具有两面性，关键在于证据使用人的挖掘水平。只要对方在程序上确实存在问题，这些问题就一定会在他们办案过程中留下痕迹。这个痕迹就是我们要找的线索。比如疲劳审讯问题，办案人员一般是在整个审讯过程中分时段做笔录，表面上看没有连续审讯，中间给当事人休息的机会了。但我们对比提讯证就可发现，当事人在几个笔录记载的时间间隙都没有回过监房。比如复制笔录问题，在关键的几段话中会出现错别字一样，甚至被讯问人身份都没有调整过来的情况。所以我们要在办案人员做好的证据中找证据，要善于发现逻辑上违背常情的矛盾。三是从多角度论述。任何问题都存在多角度问题。面对具有行政诉讼实质性特点的程序性辩护，单一的角度很容易被法院以补正或解释的名义否定。从多个角度展开论述，形成立体辩护态势，提高成功率。比如案例二中，对纪检人员违规到检察院来办案的问题，我们不但从一名办案人员不能参与两个办案程序的角度展开论述，还从他的证人地位、利益关系人角色以及赵某曾多次对被告人实施威胁等多方面展开论述，最终取得实质性的辩护效果。

（三）尽可能地把程序性问题暴露在移送起诉阶段

很多辩护人不喜欢在移送起诉阶段暴露辩护观点。这点笔者并不反对，因为一旦你的辩护观点全部暴露给公诉人，这些观点在移送起诉前就会被提前补正了，到了法庭就失去了辩护优势。但对于程序性问题，笔者认为还是应当在移送起诉阶段尽早暴露给公诉人比较好。理由是程序性问题影响重大，等到审判阶段再发表出来，法院一定会给公诉人补正和解释的机会，且一旦公诉人进行了补正和解释，法院就根据司法解释规定，不允许辩护人再次以同样的理由申请。因此，如果能在公诉阶段把程序性问题暴露给公诉人，让公诉人在移送起诉前作一个补正或解释，待到开庭时，辩护人就有充分的机会对程序瑕疵和相关补正或解释作出全面的质疑，哪怕法院再让公诉人继续作出补正和解释，一般来说也很难达到圆满。当然，在向公诉人表述程序性问题之前，必须将相关证据材料复制在手。

（四）将刑事程序问题转化为行政实体问题

办案机关的程序性违法行为，放在整个刑事诉讼中属于程序性问题，但仅从程序违法性来讲，他又是一个实体问题，是具体行政行为合法性的实体问题。因此，一直有学者在研究是否可以将刑事办案过程中的程序性违法行为作为行政诉讼的对象，但行政诉讼法始终没有对这个问题给予肯定答复。但无论如何，刑事侦查、公诉行为仍然是行政行为的本质，虽然不能获得行政诉讼司法支持，但仍有其他救济途径。比如：申诉、信访途径，检举、控告途径。单就某一办案人员的违法办案行为向其上级行政机关提起审查要求。当然，这个时候被告人如果处在被羁押状态，其行政申诉控告权能否委托辩护律师代为行使，辩护人此时的法律地位是否已经不是辩护人角色，进而走出了辩护范畴的问题也会出现。

## 四、结语

程序性问题辩护难，有时吃力不讨好，甚至会取得相反作用。但作为辩护人的诉讼角色，必须坚持作程序性辩护。理由很简单，对程序正义的追求是几代人奋斗的成果。放弃程序性辩护是对完全自由心证的投靠，甚至是对枉法裁判的投降。我们要通过不断的程序性辩护，促进办案人员程序性意识的不断增强，借此推动我国刑事司法由书面地排除合理怀疑主义，向司法实践意义上的疑罪从无主义发展。

## “时间”是个办案高手

不管谁办案，都会遇到走不下去的时候。看证据，找不到突破口；看法律，找不到有利的法条；看对方观点，好像都有道理，找不到有效的辩点。而在这个时候，人往往逐渐焦急，思绪备受影响，思路更加混乱。怎么办？

有经验的人告诫说：“最简单的办法往往是最高明的办法。”圣人道：“大道至简。”越是困难面前，越要下笨功夫，复杂的事情简单做。特别是对于疑难案件，最简单的方法，就是用“时间”去梳理：利用时间的单调性对案情作一个不可回逆的单一直线梳理，在这个梳理过程中，往往会有惊喜的意外收获。

**【案情回放1】**财务人员王某，被控贪污犯罪。其在报销凭证中加贴发票、篡改数据后虚报冒领，并且印证犯罪事实的口供稳定。但该犯在移送起诉后，改变了供述，称加贴发票、篡改数据都是经领导同意，自己并没有贪污。面对这个翻供，办案人员一时很难下定决心，因为职务犯罪中，口供的重要性可想而知。如何寻找既让公诉人信服，又让被告人心服的证据证明真伪，办案人员进入了困境。不得已，办案人员再次研究证据材料，运用“时间”梳理法对报销凭证制作的每一个动作进行了全程全真模拟，一一分析凭证中可能留下的蛛丝马迹。

功夫不负有心人，经过“时间”梳理，办案人员发现：涉案票据如果是在领导签批之后加入，就不会留下签批的任何痕迹；反之，如果是在领导签批之前加入，就可能留有签批痕迹，则被告人就可能没有贪污。惊喜的是，顺着这个思路，办案人员果然在被指控贪污的票据上，发现了领导签批时用力书写留下的字迹印迹。这个印迹，使案子出现了转机。

**【案情回放2】**某甲为某乙代办网上投资，因所投网站涉嫌犯罪被依法关闭，致使某乙投资成本一时无法收回，遂以某甲诱骗其投资为由，将某甲告上法庭。庭审中，某乙向法庭提交了上百份的微信记录和打给某甲的打款凭证，组成了某甲欺诈事实成立的证据链条，被一审法院采纳并判决某甲败诉。二审准备中，面对数百条微信往来记录和缺乏明确关联性的银行凭证，代理人采用了简单的时间梳理法，将所有信息分成三类：一类是投资宣传信息，一类是资金来往信息，一类是投资与资金关联信息，以时间为纵轴，作了一个前后单一性的秩序比较。结果发现，某乙向法院提供的上百条信息中，仅有几条信息是在某乙作出投资之前所发，即大部分信息是某乙完成投资行为后所发，当然与诱骗投资没有关系；另外，多次的资金往来关系中，有一半资金往来与本次投资无关，属于本案以外的投资或双方的借贷往来。这个梳理结果一出来，就明显地发现了一审法院的裁判问题，给二审带来了希望。

**【案情回放3】**多年来，某甲一直通过某乙为公司高息融资。现公司经营不善，被依法宣告破产清算。清算中，管理人发现某甲支付的高额利息竟达千万之巨，遂将某乙诉至法院，要求归还超过36%的高息部分。因双方借贷多年，且借贷滚动频繁，表面看已经形成混合借贷，必须进行混同计算。这个算法，就要将某乙全部资金作为计息成本，并进行息本抵扣，对某乙相当不利。代理中，代理人采取了最笨的时间分析法，将所有往来账目，按时间先后，一笔一笔进行本利计算，将多年往来的本息一一排列出来。这个工作虽然耗时耗力，但收获丰富。在代理人一笔一笔的计算排列中，双方数十笔的借贷本息清晰地摆在了法官面前。其中，大部分借贷关系已经超出诉讼时效，有的单笔本金至今没有偿还，还有的资金根本就不在公司的融资用途之中。这个发现使得案件大变。花“时间”的笨功夫有了有棱有角的真本领。

为什么“时间”能办案呢？这要从“时间”的本质和特性说起。首先，时间是逻辑的代替词。逻辑说白了，就是事物之间的关系。这个关系，首要的是相生关系，而相生关系当然离不开时间。所以，逻辑问题，第一要素必须是时间要素。其次，时间也是对错的代替词。对错，简单点就是有无理性的问题。有理性就是对，没理性就是错。而理性的基础在哪，在时间，在事物在时间上的先后排列，哪个先生哪个后生，不能乱，乱了就不是理性。所以，时间也是对错的第一要素。再次，时间是验证一切的试金石。在时间的长河中，一切都可以得到证明。时间不可逆转，任何事物只存在于时间的某个点或某段区间。事物具有可比性，就是因为不同时间点或区间具有可比性。因此，以“时间”作为尺度，在时间的经过中，事物留下的痕迹谁也磨灭不了。只要我们肯花心思，将案件的所有细节放在时间里比较，就会发现时间这个不说话的智者，却把案情说得如此清晰，且无可辩驳。最后，时间从不说谎。虽然我们常说时空可以追溯，但在同一个时空里，时间仍然是最可信赖的创造物。时间从不说谎，是因为时间不会倒流，更重要的是时间没有人们那么复杂的大脑所能想象出来的五花八门的价值取向。在时间的字典里，没有虚假二字。

所以，用“时间”办案，一定能办成铁案。

# 办案失误之省思

这两天，老领导找我研究个案子，说是感觉有理，官司却输了。案情也简单：一块地，土地部门不小心发了两个证，一地两证，闹到政府，政府一查，张三申请在先，决定收回李四的土地证，李四一生气把政府告到法院，说政府也应收回张三的土地证。就这么一个简单的案子，政府输了一审、二审、再审。老领导说："这块地，不是张三的，就是李四的，法院这么一判，张三也没有，李四也没有，怎么会这样？"

我也好奇，就仔细看了下判决内容。（1）一地两证，是个土地纠纷；（2）政府作出了处理决定（依申请在先原则给张三）；（3）李四不服，起诉要求收回张三的土地证（并没有诉政府确认土地属于张三的处理决定）；（4）法院要求政府举证证明给张三颁发土地证具有合法依据（行政诉讼举证责任倒置）；（5）政府没找到当时（1996 年）张三申请土地证的有关资料；（6）法院以政府举证不能为由，判决撤销张三的土地证。

就这样，政府输了，张三也输了。政府想不通，任何行政许可，只要拿不出申请人当时的申请手续，法院都可以判决撤销许可。张三更想不通了，自己当宝贝捏着的土地证，因为政府提供不出当年自己交给政府的申请手续，就被法院判决无效了。

看到这个结果，我也有点后怕。直觉告诉我，张三没有错。面对非行政相对人（利害关系人）的异议，如果政府不作为的话，相对人就处于很不利的境地。

是法律出了问题，还是法官出了问题？

我展开了地毯式的法规查询，把所有关于土地纠纷和行政诉讼的法条规则逐句看了一遍。《土地管理法》第 14 条规定："土地所有权和使用权争议，由当事人协商解决；协商不成的，由人民政府处理……当事人对有关人民政府的处理决定不服的，可以自接到处理决定通知之日起三十日内，向人民法院起诉……"

这条法律明确规定，法院是不能直接审查土地争议的。法院只能对政府处理土地争议的处理决定进行审查。原来问题在这！按照这个规定，这个案件就是一个原告诉求错误、法院无权管辖的行政案件。

发现这个结果，我又回过头来看一审、二审、再审有关文书，居然没有任何一方对管辖问题提出过异议。这是一个重大失误。为什么会是这样？这个案子又让我想起两个月前的一个承诺合同纠纷，主办人认为承诺合同属单务合同，未实际履行，不属《民事诉讼法》司法解释关于给付之诉的管辖问题，坚持不同意在原告所在地审理。我一开始也感觉有问题，但没发现问题在哪。后来，我把承诺合同的形成环节、构成特点，用时经事纬的方法进行了剖析，突然醒悟，承诺合同并非单务合同，因为承诺都是有原因的，这个原因就是承诺的前因，前因得到履行，承诺合同当然就已经实际履行。找到这个理由，再来和主办人沟通，结果就不一样了。

办案中这样的事非常多，每个搞法律的朋友都能讲一大堆。但我一直在想这些问题产生的原因。有人笑了说："水平问题。"可我总感觉，这和水平问题有一定关系，但不是主要关系。我家老人在 2005 年得了一个怪病，看了很多顶尖专家都没有效果，后来认识一个刚毕业的医学博士，非常认真，一个治疗方案一个治疗方案地试，最后，三个方案过后，怪病就彻底消失了，十多年都没再患过。还是我家老人，2007 年脚出现问题，也是找了很多专家看，都说是老年性骨质问题，光住院吃药就花了好几万，不见好，后来，我带着去找骨科一个主任医师，他是我一个很好的朋友，特别认真，把片子、病历看了好几遍，又把老人的脚检查了好几遍，最后告诉我说："可能就是个关节炎，回家贴几张狗皮膏试试。"这样，就好了，至今未患。

这几个经历说明，简单的问题专家也会失误，再难的问题只要认真都有解决办法。所以，回到办案上来，律师也好，法官也好，用心把法条一条一条地过，把事实一个环节一个环节地捋，结果肯定是不一样的。

所以，案子没有大小，抱朴守拙，用心下笨功夫，结果肯定是不一样的。

## 看透法律关系好办案

所有案子，首先就是看关系，法官、检察官、律师，没有例外。当然，这个关系叫法律关系。法律关系是个既抽象又实在的东西。抽象的是法律关系产生的方法。面对纷繁复杂的社会现象，立法者先进行归纳，发现共同点，再建立现象与现象之间的联系。这个联系就叫法律关系，关系的内容就是权利义务。实在的是法律关系运用的方法。法律关系被抽象出来后，就成为法律规则，就是处理法律问题的大前提。面对具体的法律问题，找到对应的那个实际存在的法律规则（法律关系），并把这个规则作为逻辑大前提，运用到法律问题上，就可以得到处理结果。这样，法律关系就回到现实中了，完成了一个自我抽象、自我实在的思维运动过程。

法律关系是案件事实与法律规则联系的逻辑结点。法律关系抽象于法律现象，但不是空洞的抽象，而是以权利义务为内容的抽象。简单地说，法律关系先来自法律现象，但又为法律现象添附了权利义务的具体内容。权利义务与法律现象之间的连接点，就是法律关系。找到这个点，就找到了处理问题的结果（权利义务），有了权利义务规定，就可以处分具体的法律问题。从这个角度看，法律关系是处理法律问题的红绿灯、指挥棒。关系的指向就是问题的结果。找准关系，才能处理好问题。关系不同，结果就不一样。处理问题的结果取决于法律关系的前提。

要善于从现象入手找关系。法律关系来源于法律现象。而这个现象已经是经过意识加工的、固定在法律中的主观现象，是作为关系组成部件的关系元素了。从现象入手，就是在客观现象中发现存在的主观元素。根据主观元素组合出完整的法律关系。这是一个客观到主观，主观到客观的过程。比如张三在山上发现一个金元宝，客观现象是山上有一个金元宝，主观元素是遗失物，或丢弃物，或埋藏物。遗失物物归原主，丢弃物物归张三，埋藏物物归国家。因此，对现象的主观判断是适用法律关系的分水岭。选择不同的现象作为观察点，就是选择不同的主观元素，对应不同的法律关系，处理结果截然不同。

要看关系的主流。一个现象会有多个视角，存在多种选择，但关系的主流不会太多。产品责任纠纷，可以是买卖合同问题，也可以是侵权责任问题，可以是生产监管问题，也可以是销售瑕疵问题。哪个是主流，就看你提出问题的位置在哪。站在消费者的角度，买卖是主流；站在使用者角度，侵权是主流；站在主管单位角度，监管是主流；站在流通领域，销售是主流。处理好案子，角度很重要，要选择最有利于你的角度来看关系。所以，主流并不是一成不变的，关系并不是没有可选择性的。

要挖掘一些关系。关系是可以挖掘的。关系来源于现象，现象在于选择，关系的挖掘就在于对现象的选择。案件事实在没有被法律关系固定之前，范围是不确定的。当法律关系确定后，所有的裁判事实就是被法律关系选择了的法律事实。换句话说，判决书中记载的事实，都是为了能够支撑起法律关系分析所需要的事实。所以，如果你想改变那个被别人选择好的法律关系，就要努力回到关系的出发点——生产关系的客观事实中去。挖掘出你所需要的法律关系的法律事实就是法律人的智慧。这也是为什么有“选择性执法”的事实根据，和法律是“活法”的事实根据了。

总之，想办好案子必须看得透法律关系，这是法律人的基本功。熟练运用这个功夫，脑子里不但要装下各种法律关系的主观元素，还要对问题现象明察洞观。这是一个“拳不离手，曲不离口”的精神操练。终究来看，法律是精神的东西，法律关系是意志的选择，看透看不透，结果不一样。

## 法律关系似洋葱，层层盘剥辣出眼泪

我们说，没有法律关系，就没有法律问题。法律关系，简单说就是法律规定的人与人之间的权利义务关系。任何法律问题，它的基础就在法律关系，只要有法律问题，就能找到对应的法律关系，指向对应的法律规则，反过来求证处理这个法律问题。

**【案情回放】**甲系银行工作人员，在乙的要求下，答应套取客户资金，为丙融资。一日，乙告知甲有一客户要买 100 万元的理财产品，让甲想办法将这 100 万元挪用出来。甲就预先伪造了一张 100 万元的理财业务凭证，等待客户来办理该业务。不日，该客户来到银行甲柜台，要购买 100 万元理财产品，甲指示客户将 100 万元资金存入银行卡上，并让客户在一张空白凭证上签名，甲就利用这张空白凭证将 100 万元资金转账给丙，再将事先伪造好的 100 万元理财业务凭证交给该客户，谎称 100 万元理财产品已经购买。两个月后，客户通过网上查询发现被骗，遂报案并要求银行赔偿。

这个案子听着有点离谱，在银行办理财业务还能被骗，但这确实真实发生在我们身边。甲当然构成犯罪，客户的 100 万元当然得有人赔偿，但甲构成什么罪，客户的钱谁来赔，必须通过法律关系层层分析才能明晰。

第一，甲与银行之间形成委托授权法律关系。甲系银行职员，银行授权甲以银行的名义在职务范围内履行金融业务，也就是说，在授权委托范围内，甲就是银行，甲的行为就是银行行为，由银行承担法律上的行政责任和民事责任，甚至刑事责任（比如构成单位犯罪）。相反，在授权委托范围外，甲的行为不代表银行而是代表甲自己，由本人承担法律后果。这个授权委托法律关系，是该案的基础关系，是认定银行是否承担对客户赔偿的基本依据。

第二，甲、乙、丙构成共同犯罪法律关系。甲在乙的要求下实施犯罪行为，乙系教唆犯；犯罪手段主要是利用甲的职务之便，甲起重要作用，当然是主犯；丙如明知甲、乙通过犯罪手段为其融资，则构成共犯，如不明知，则不一定构成。所以有时候，犯罪的人不一定获利，获利的人不一定犯罪。

第三，甲伪造100万元理财业务凭证的行为构成伪造金融票证法律关系。甲已构成伪造金融票证罪，法定刑在3年至10年有期徒刑并处罚金。但伪造行为是骗取客户资金的手段，能否独立成罪，还要看与骗取行为的竞合关系。

第四，客户将100万元存入银行卡上的行为构成与银行之间的存单合同法律关系。客户的资金已交给甲，并由甲存入客户银行卡中，这样银行收到了客户的资金，在客户卡上记录了客户的存入金额，存单合同就已经成立并生效。也就是说，这100万元，是客户对银行的债权，也是银行对客户的债务，银行有支配权，客户有随时要求支付的请求权。在这个环节上，甲代表银行与客户建立存单法律关系，没有发生任何违规行为，双方都没有违约，不发生赔偿事项。

第五，甲将空白凭证让客户签名并将资金转给丙的行为构成挪用他人资金法律关系。这里的关键是，转给丙的资金是银行资金，还是客户资金？从客户来讲，钱都交给银行了，转走的当然是银行的钱；对银行来讲，转的是客户账上的钱，当然是客户的钱。我们知道，如果客户明知转账而签字，转的就是客户的资金；也就是说，转账是有针对性的，这个针对性就是谁有权下达转账指令，转的就是谁的资金。显然，在这笔转账中，银行没有权利下达转走客户账目资金，而是客户在不知情的情况下下达了转账指令，将自己账上的资金转走。当然，这个资金被转走不是说银行没有责任，这要从下一个法律关系来推断。

第六，甲通过骗取客户签名转走客户资金的行为构成挪用客户资金法律关系。这个行为成立挪用资金罪，量刑也在 3 年至 10 年并处罚金。因此，甲的挪用行为与伪造行为构成想象竞合法律关系，在法定刑幅度没有差别的情况下，以目的行为定挪用资金罪定罪量刑比较正确，并承担对客户的附带民事赔偿责任。

第七，甲将伪造好的理财凭证交给客户的行为构成理财买卖合同表见代理法律关系。对客户来讲，有足够的理由相信，甲交给他的是一张真实的理财凭证，进而建立与银行间的理财买卖合同关系。至于甲没有为客户购买那 100 万元理财产品，不影响客户与银行间理财合同的成立生效。因此，银行要对不能实现理财目的违约行为承担责任。

当然，如果甲交给客户的理财凭证是理财公司的制式签章合同，甲就构成对理财公司的表见代理，理财公司要承担违约责任。

从这个分析过程可以看出，客户想要主张权利，存在一个法律关系陷阱：侵权与违约的竞合。主张侵权就不能主张违约，主张违约就不能主张侵权。主张侵权存在的风险就是银行是否构成侵权问题，主张违约存在的风险就是这确实是个侵权案件，且违约合同法律关系的举证责任会让客户有瑕疵。这就是法律关系制度设计上的陷阱，一般当事人都不好理解，但专业人士喜欢在这里面做文章，往往能把关系搞复杂化，造成对方逻辑上的困难，进而讨价还价。

从这个角度来讲，法律关系不是个好东西，跟洋葱一样，盘剥中，会溢出刺激物，辣得你眼痛，掉眼泪。

## 辩护人的余项思维

余项思维是什么，网上没有搜索到这个词，再用“思维方法”来检索也没有发现有这种方法。所以，这个词可能是笔者独创的术语了。为什么会想到这个词，主要是这两年从法官工作转换到辩护人角色的过程中，不断体会到有这样一种思维存在，并且在办案实践中非常有帮助。我们先来回顾两个案例。

**【案例一】陶某合同诈骗案**

侦查机关发现，2013 年 4 月，经徐某担保，陶某向紫金农行贷款 400 万元。同时，陶某将自己的厂房提供给徐某作反担保。贷款到期后陶某无力偿还，银行向徐某要求承担担保责任。徐某要求将陶某提供的反担保厂房折价抵偿时，发现该厂房为第三人所有，并非陶某所有，遂向公安机关举报陶某合同诈骗犯罪。陶某闻风而逃，于 8 年后在大连被公安排查抓获。

代理案件后我们感到，如果陶某确实虚构了厂房是自己的犯罪事实，反担保就是一个诈骗，合同诈骗罪就基本形成。但从常理来看，厂房所有权并非一般动产所有权那样容易隐瞒，并且作为大额贷款担保人，不可能对反担保财产一点都不知情的情况下就予以接受。因此，感觉此案应当没有查透，应当还有其他案情没有被发现，或被隐瞒。

带着这个疑问，我们会见了陶某本人，让他不要局限于案情，按时间顺序，把所有那段时间涉及的有关的情况都给我们陈述一下。果然，据陶某陈述，该厂房系租赁土地所建，没有办理产权登记，贷款期间确实是本人所有，只是之后又以股权转让的形式给了第三人；另外，涉案贷款是徐某到银行具体操作的，400 万元贷款担保人徐某不但使用了 103 万元，还拿了 6 万元好处费；还有，其逃离南京与涉案贷款没有关系，是因为欠高利贷被他们非法拘禁后逃走的。了解这些情况后，我们让陶某家属回家查找该厂房在贷款期间系陶某所有的相关证据，以及被高利贷逼债的事实证据，并向公安机关申请了撤销案件。

**【案例二】孟某开设赌场案**

检察机关指控，孟某在某工地，纠集同乡开设赌场，被公安机关抓获移送起诉。之前孟某曾多次参与赌博并受到行政处罚，又非本地人员，检察机关建议判处实刑。

代理此案后，一开始我们确实没有找到可供辩护的抓点，但当询问到其家庭是否存在困难时，孟某讲他与妻子离异，小孩不到 3 岁由其抚养。当询问到是否曾经为社会作过贡献时，他眼睛一亮，不好意思地说曾经协助警察抓捕过一个持刀抢劫逃犯，公安机关还上门表扬过他。这两个事实，一个涉及未成年人健康成长问题，一个涉及曾经立功问题，都是在量刑时应当考虑的重要因素。孟某说，办案机关从来没有问过他这些事情，他也想不起来会有帮助。抓住这两个情节，我们到他家找到了相关证据并提供给合议庭，并向户籍地社区纠治部门作了说明并取得同意，最终合议庭依法对孟某适用了缓刑。

通过以上两个案例可以发现，辩护人决不能局限于办案机关提供的证据和案情，也不能局限于当事人自己陈述的那些情况，辩护人必须会跳出侦查机关、检察机关甚至当事人提供的材料范围，在这些材料之外去挖掘其他有用的证据、案情，并组织有效的辩护。这个思维方法，笔者把它叫作余项思维。顾名思义，就是在本项之余的思考方法。

## 一、为什么辩护人需要余项思维

这与办案机关的工作方式和刑事法规的相关内容是相适应的。

### （一）与司法机关主要任务在于构建犯罪事实依法打击犯罪的客观实际相适应的辩护需要

虽然法律规定，公检法机关都应将打击犯罪与保护当事人合法权利并重，但打击犯罪的职责是首要的，调查构建对犯罪嫌疑人不利的犯罪事实是工作的主要内容。所以，对有利于犯罪嫌疑人的罪轻、无罪的事实和情节，办案机关尽到一般的调查义务即可。因此，司法机关调查之余项且对嫌疑人有利的相关材料的发现，就是辩护人应当注意的内容了。

### （二）与犯罪构成要件为基本证明模式的裁判逻辑必然挤掉所谓无关或相排斥的余项部分的客观实际相适应的辩护需要

我国从顶层的犯罪四要件的设计模式，到具体犯罪构成要件的四个组成部分，都在刑法理论上具有明确的内容规定。因此，所有的办案人员，包括辩护人员在同一个法庭上进行辩论的过程中，都必须从这四个方面展开理论。只要满足犯罪四要件构成条件，法院就敢于裁判，只要能打破犯罪四个要件的锁链，辩护人就有获胜的机会。所以，办案机关最后形成的案卷材料，都是围绕着这四个犯罪构成要件的标准进行取舍，与四要件有用的材料就入卷，无关或相排斥的部分就不列入卷宗。这个一贯做法在结构上就给辩护人留下了余项内容，而这些余项内容辩护人当然不能不展开思考。

### （三）与犯罪现象的牵连关系使得办案人员必然在证据和事实材料的选择上作出取舍的客观实际相适应的辩护需要

我们知道，犯罪行为的牵连性，会带来犯罪现象的牵连关系。比如牵连犯，是两个犯罪行为具有牵连关系而作为一个犯罪进行处理的情况；又如竞合犯，是一个行为满足了两个犯罪罪名，必须选择一个较重的罪名处理的情况；再如数行为法定一罪的情况，是将实际上是数个犯罪行为强制规定为一个罪名处理的情况等。这些情况下，办案人员对犯罪证据和事实的调查取舍，都会遗留部分与案件有关，但与选择的指控罪名无关，却与牵连罪名有关的多余材料，这时就在客观上给辩护人留下了余项思维的空间。

### （四）与排除合理怀疑和疑罪从无的证明标准要求辩护人应尽到余项思维义务相适应

排除合理怀疑，其规则要求就是穷尽手段证明案件事实不存在其他的可能性。因此，办案机关故意或无意留下的余项，辩护人就必须放在头脑中进行思考过滤。另外，在疑罪从无的原则要求下，可疑的内容往往就存在办案机关未予注意，或故意遗忘的余项材料之中。所以，辩护人必须用怀疑的眼光将所有余项内容一一甄别。

当然，为什么需要余项思维的原因还有很多，甚至立案后至判决前发生的一些新情况，比如相关法律修改、相关政策失效、相关情势变迁等，都有可能对具体个案的判断产生影响，也需要在辩护进行中不断发现提取。所以说，余项思维归根到底就是一句话：有余项必有可辩之处。

## 二、余项思维有什么特点

### （一）余项思维是一种还原思维

余项首先是该项，就是说我们所思考的那些项目，本身就是存在的该项目。只是没有被办案人员发现，或虽被发现，却被办案人员有意或无意地隐去。所以，从本质上讲，余项思维的余项仍是本项之中之项，是还原本项之余项。因此，余项思维不是空想，更不是虚构。这是余项思维与假项虚构的根本区别。我们适用余项思维绝不是让辩护人去虚构、伪造证据和无罪、罪轻事实，而是还原、寻找原本存在的证据和有利事实。

### （二）余项思维是一种启发式思维

面对办案机关或当事人提供的办案材料，辩护人更多的是启发当事人去回述，去回忆过去的案情和留下的痕迹。所以，余项思维的主导人是辩护人，但主体是当事人或知道案情的相关人。所以，余项思维不是闭门造车，是一种交流，利用交流手段对信息源进行有用提炼。体现的是辩护人的引导交流水平，挖掘的是当事人或案件知情人已经脱钩或暂时遗忘的关联信息。

### （三）余项思维是一种专业触发式思维

面对大量的当事人或案件相关人提供的信息，如何发现哪些是余项信息，如何去除那些无价值信息的干扰，这个辨别过程就是辩护人运用法律专业知识的触发过程。比如案例二中的孟某离异并单独抚养未成年人这一信息，在未识别成缓刑适用条件时，不但容易被作为无价值信息忽略，还有人认为这是一个不利缓刑的信息。但考虑到孟某一旦被判处实刑而小孩将面临抚养状态变更的情境时，不让小孩知道自己监护人是一名被监禁的罪犯，和不轻易改变未成年人已经适应的成长环境，以及未成年人的法益价值优先于实刑的刑罚惩罚法益价值的情况下，才能敏锐地捕捉到这一有效的余项信息。所以，余项思维是否能够被发现并被有效利用，需要的是专业敏感性，需要在全面对刑罚理论和犯罪构成理论以及量刑理论的融通掌握下，随时与一掠而过的余项信息的碰撞中发现该信息是否能为辩护人所用。所以，余项思维是一种专业性很高的触发式思维。

（四）余项思维是一种可程序化思维

程序化是对某一连续动作可重复发生并有效达到目的的方法。余项思维是可以重复运用的，因为它是一种思维工具，是一种社会学方法。同时，余项思维在案件复杂和疑难的情况下，能够补充其他思维方式存在的缝隙，起到拾遗补缺的作用。当然，这个思维方式需要不断地训练，包括形成思维习惯和积累专业触发点，最终渐至程序化。

## 三、我们该如何运用余项思维

笔者认为，在余项思维运用中，首要的是发现余项。使用发现的余项进行辩护，是在已展现的材料基础上的运用，这个没有多大的难处。而能否发现有用的余项存在，却是余项思维的关键问题。正如我们常说的处理问题不是水平，发现问题才是水平。

（一）从当事人的交谈中发现

这是发现余项的基本方法。当事人是案件的亲历者，他们对案情的来龙去脉基本是一清二楚的。但当事人在陈述案情时往往受到两个因素的限制：一是有知的限制。就是有一定层次的当事人自以为是，有选择地陈述案情而故意留有余项。这种当事人往往以自身知识来组织陈述内容，认为与案件有关就讲，认为与案件无关就不想讲。他们以其知识水平进行判断，往往有意地回避有用有利的信息，不但不向办案人员讲，也故意不向辩护人讲。更典型的是学历程度越高的当事人越容易发生余项现象。因为他们自命能全面认识案情，找辩护人只是因为自身处于当事人的不利地位不方便辩护而已。所以，这种类型的当事人往往是在选择好了信息内容后，才向辩护人有选择地陈述，而不作全面陈述。这种情况我一年能遇到好几个，特别不好处理，说他不懂吧，伤他自尊；说他懂吧，他还真是不懂。二是无知的限制。这类当事人确实不是故意留有余项，而是无知地遗留了余项。因为他们不知道该讲什么，包括不会陈述事实，和忘记陈述事实。这类当事人比较容易引导，但考验辩护人的引导水平。

（二）从阅卷的材料中发现

阅卷材料，属于办案机关已经选取并可以查阅的本项内容，理论上讲不属于余项。但阅卷材料中可以发现余项的存在。一是阅卷材料中仍有办案机关定案思路以外的材料。这是本项内容之中存在的显性的余项材料。这些材料一方面是因为与定案思路材料属同一份不可分割的材料，虽然办案人员不想将其与阅卷材料一同交辩护人阅看，但由于材料在物理上的不可分性而不得不存在于阅卷材料之中。比如，同一份讯问笔录，除了涉及定案内容外，可能也涉及未定案且可能存在与定案内容相悖的余项内容。二是阅卷材料中存在着余项材料线索。这是本项内容之中存在的隐性的余项材料。比如，一份定案书证来源于无权取得该书证的第三人处，则第三人为什么会取得这份他不应当取得的涉案书证，这就是一个余项线索。又如，一份讯问笔录中提到了一个与本案有关的线索，或提到了一份书证或物证，但办案机关并没有进行调查提取，这些都是余项内容。因此，在阅卷的材料之中发现余项及余项线索，不但是可能的，而且是直接有效的。

（三）从行为的逻辑性中发现

犯罪现象归根结底是对犯罪行为的法律评价。所以，从办案机关认定的犯罪行为的逻辑性中发现余项，主要是对涉案行为的合理性进行分析，在不合理之处展开思想，并与当事人核实，从而发现可能存在的余项内容。比如，在一个双方曾是恋爱对象的诈骗案中，被害人提供的所有举报证据都是在其报案后形成的，这就说明在其报案之前，被害人是没有诈骗证据存在的，那么就存在报案时证据不足而在报案后又诈骗取证的可能。

（四）从办案的直觉中发现

办案的直觉一般属于经验范畴，但这种经验又不必然与知识、阅历相关。因为很多年轻的辩护人也常常会有惊人的直觉。但有一条，经验越丰富的辩护人，其直觉越敏锐，余项越易得。

## 利用地方司法资源妥善处理部队住房遗留问题

住房遗留问题一直是困扰部队营院管理的难点问题。以往主要是依托行政手段处理，通过宣讲政策阐明规定要求，主动上门讲情讲理做好细致的思想说服工作，有时还迫不得已到相关单位商请纪委协助，甚至强行断水断电断气。这些行政手段确实能起到一定作用，但消耗了大量军事行政资源，有时也因为手段过激，扩大了与住户的矛盾冲突。但即使在这样一系列行政手段之下，仍然会有少数住户，哪怕你说烂嘴、磨破腿，他们总能找到各种理由拒不配合，成为部队营院住房管理的“钉子户”“老赖”，长期影响营院建设管理工作。

前期，某部办事处深刻领会善后问题处理办公室首长关于“坚固法治思维，坚持法之必行，坚守法律红线，坚实法治成效”的指示精神，专门针对这些遗留问题，积极转变观念，创新工作方法，巧妙运用法律手段，成功处理了一批营院住房遗留问题。这些遗留问题基本都在十年以上，交到办事处后，不管工作人员如何上门苦口婆心地劝说，这些住户就是油盐不进，拒不配合，甚至出言不逊、威胁恐吓。

为了运用法律手段处理好这些遗留问题，我们专门成立了律师团队，成员由政治上可靠、熟悉涉军房地产法律法规和具有军队法律服务工作经验的律师组成。律师团队通过分析研究这些住房遗留问题发生的客观原因，吸收以往其他单位运用法律手段处理的经验教训，抓住每一个遗留法律问题可能存在的多个法律关系，找准法律突破口，采取先礼后兵，先发律师函，再有选择性地开展诉讼，并在诉讼过程中运用边打边谈、以诉逼调、不调就判等方法，最终都取得了良好的政治和法律效果。

工作中，办事处领导和机关经常听取律师团队的工作汇报，指导研究法律对策，及时给予充分肯定，使大家真正体会到运用法律手段处理问题，既打通了处理问题的管用通道，又大大节省了军事行政资源，还有效提高了处理结果的说服力和权威性，免除了后顾之忧。

当然，在运用法律手段处理问题过程中我们也感到，军队住房遗留问题总体是人民内部矛盾，是军队内部问题，要特别注意与地方法院协调沟通和对具体法律关系的灵活运用，要防止出现之前一些军队单位向地方法院起诉后，不但不被法院支持，反而扩大了与住户的管理矛盾，甚至影响军队机关的良好形象的情形。

## 一、住房遗留问题的基本情况

原军区编制体制调整后，各单位移交的住房遗留问题种类繁多、情况繁杂，包括完善住房资料、清退违规住房、清缴欠款欠费等方方面面。某部办事处接收管理后，通过“四化五规范”等强有力的行政手段，使绝大部分问题都得到了及时圆满的解决。但正如前面所说，其中仍有个别住户以各种不正当理由，常年拒不配合管理，成了营院住房管理中的“钉子户”“老赖”。

决心探索运用法律手段处理的这批住房遗留问题，主要有两大类：一是欠交房租问题，二是欠交购房款问题。具体包括：原军区某修理厂在20世纪90年代移交地方后，原同期一并移交的部分职工，仍居住在部队公寓住房内，在该修理厂老厂长等人的影响下，有14户职工从2007年起就拒不缴纳房租。另有3名老干部及亲属以住房系解放初期原军事院校，不属军区管辖，且常年没有得到管理修缮为由，拒不缴纳房租。有 1 户干部子女以生活困难、居住小高层每层租金应按 5%打折为由，拒不配合房租收缴。有 2 户军队房改房拆迁户，1 户以回迁不符合要求、1 户以没有能力支付购房款为由，均拒不申请购买回购房，也不缴纳现有住房租金。

## 二、住房遗留问题发生的客观原因分析

这些遗留问题，除了住户自己所称的理由外，也确实存在一些客观原因。不然，这些问题就不会成为遗留十余年的难题了。所以，在运用法律手段处理之前，必须准确地找到这些问题发生的客观原因。

**原因之一：**移交企业职工对移交政策的解读问题。14 户原军区某修理厂职工，因当年工厂移交，但厂房和职工公寓住房没有一并移交，而一直与原住房管理单位发生矛盾，其中就包括这些职工转为地方企业职工后，没有享受地方房改房购房待遇问题。这个问题是政策原因造成的，不是现在办事处能够解决的。如果这些职工居住的军队公寓住房当时能够一并移交，他们居住的公寓住房就能成为地方公租房，也可能与地方企业职工一样，经过房改后终身居住并作为财产由子女继承。所以，在 2008 年时，因该修理厂移交地方国资委满三年仍不腾退占用厂房，也不交纳厂房租金，原军区管理单位就向地方法院起诉要求缴纳租金和腾退，但该诉求被省市两级法院以不属于其管辖为由驳了回来。所以，该厂退休厂长就以此裁决为由，也认为其居住的军队公寓住房，可以不交租金并要求移交地方管理，并鼓动其他职工拒不缴纳房租。

**原因之二：**军队房改房拆迁户相关协议不完善带来的问题。

在各单位建设房改房过程中，与一些拆迁范围内的非军队管理人员签订协议，承诺他们回迁居住并可以享受房改房购买条件。但在签订相关协议时，由于协议不完善往往也带来了遗留问题纠纷。原军区某部经济适用房建设时，拆迁户陈某某和胡某某就属于此类遗留问题。与陈某某的安置协议中，拆迁单位答应给他安置“两室一厅”住房，但没有写明回迁安置面积。而实际返迁安置时，陈某某自己挑选了一套“两厅一室”住房，后来发现该套住房内原本是“两室两厅”，还有一间卧室被切割给隔壁住户使用，心理不平衡，遂以安置的“两厅一室”不是协议书上承诺的“两室一厅”，一直拒绝购买，也不交付房租。拆迁回迁户胡某某，也是因为回迁协议没有明确回购款付清前是否应缴纳租金问题，只是说“购房款每年付一万，全部付清后办理过户手续”。所以，他在支付完第一笔回购款后即以经济困难为由，既不继续支付购房款，也一直拒缴租金。

**原因之三：**原部队单位未尽到修缮管理义务引起的遗留问题。移交接收前，确实存在一些部队住房管理单位，没有很好地履行管理修缮义务。特别是有的住房几经移交，在管理经费有限的情况下，疏于修缮给住户带来的不便引发了不满情绪。王某某就是以此为由一直拒不缴纳租金的。他家居住的是一处民国建筑，多年来住房管理单位几经变更，一直未予修缮，其间都是其本人出资维修。在移交到办事处后，他以此为由，一方面不认可是办事处管理住房，另一方面仍拒绝缴纳租金。

以上三种原因是这批移交住房遗留问题产生的主要原因。当然还有个别住户看别人拒不配合管理，以退休不在办事处行政管理范围内或者以遗孀年事已高为由，认为办事处拿其没办法，能拖一天是一天，拒绝缴纳房租，不配合管理。

分析这些问题可以发现，一方面确有以往管理单位工作不到位的问题，另一方面也有军队移交政策落实的问题，还有一些方面是住户的侥幸和不配合的态度问题。但无论问题的原因如何，都必须找到解决的办法，正面应对，不回避问题。

## 三、对住房遗留问题的法律手段分析

在找到这些遗留问题的症结后，有针对性地进行法律剖析，就是正确运用法律手段妥善处理问题的关键。

### （一）前车之鉴

运用法律手段处理军队住房遗留问题，不是现在才有的想法，全军各单位之前就一直在摸索实践。因此，必须广泛了解其他单位的经验做法，以史为鉴，使自己不走弯路、少走弯路。我们通过“中国裁判文书网”，以“军队公寓住房”为条件进行了搜索，共搜索到 2016 年军改以来的民事裁判文书 313 份。查看这些裁判文书后发现，真正属于军队公寓住房纠纷的有 170 余件（其余案件为事实或证据涉及军队公寓住房的非军队部门参与的诉讼），而其中又有 130 余件是部队起诉后，因不属于人民法院管辖被裁定不予受理的案件，能够进入一、二审裁判的有 30 余件案件，均是非在职人员与部队签订清退住房协议或租赁协议到期之后的退房问题。所以，关于军队公寓住房租金和拆迁户回购等问题的诉讼，基本上被裁定不予受理，进入一、二审判决的文书几乎没有。

但也发现个别地方法院变通受理的做法。如广东省珠海市中级人民法院《民事裁定书》［2018］粤 04 民辖终 292 号，审查认为，案涉房屋系 910××部队的军队住房，如因 910××部队单位内部建房、分房等而引起的占房、腾房等房地产纠纷，则不属于法院受理民事诉讼的范围。而涉案房屋 910××部队已于 2010 年 1 月，依据军队公寓住房相关规定，分配给任某刚居住使用，2012 年任某刚转业后，仍居住使用该房屋，其间也支付过相应的租金，双方的权利义务关系形成事实上的房屋租赁合同关系，现 910××部队请求任某刚支付 2015 年 4 月以后居住期间的租金和利息，属于平等主体之间的民事纠纷，属于法院受理民事诉讼范围。

因此，从裁判文书网上的检索情况可以看出，类似于办事处这批住房遗留问题，如果贸然起诉，可能就会被地方法院以不属于其管辖为由不予受理。所以，我们必须先从地方法院是否能够受理的问题入手，再作细致分析。

（二）地方法院不予受理军队住房纠纷相关规定分析

当前地方法院不予受理军队住房相关纠纷的法律依据，主要有以下几个方面：

（1）1991 年 1 月 30 日，最高人民法院《关于军队离退休干部腾退军产房纠纷法院是否受理的复函》：“……因军队离退休干部安置、腾迁、对换住房等而发生的纠纷，属于军队离退休干部转由地方安置管理工作中的遗留问题，由军队和地方政府通过行政手段解决为妥。故我们同意你院审判委员会的倾向性意见，即此类纠纷人民法院不宜受理。”在这个复函中，明确排除管辖的是“军队离退休干部安置、腾迁、对换住房等而发生的纠纷”，没有排除军队离退休干部子女居住部队公寓住房是否受理的问题。

（2）1992 年 11 月 25 日，最高人民法院《关于房地产案件受理问题的通知》：“……因单位内部建房、分房等而引起的占房、腾房等房地产纠纷，均不属于人民法院主管工作的范围，当事人为此而提起的诉讼，人民法院应依法不予受理或驳回起诉，可告知其找有关部门申请解决。”这个通知自出台以来，是地方法院排除军队房地产纠纷管辖引用最多的司法文件。根据这个通知，“单位内部建房、分房”指的是参与内部建房、分房的军队干部、职工及遗属、子女等享有参加建房、分房资格的人员，对建房、分房过程中的拆迁户是否属于“单位内部建房、分房”就没有明确。“而引起的占房、腾房等房地产纠纷”是指因单位内部建房、分房有关的占房、腾房问题，对与单位内部建房、分房等无关的占房、腾房等纠纷，并没有排除法院管辖。所以从这个通知来看，涉及军队房地产纠纷，只要不属于单位内部建房、分房等引起的占房、腾退等纠纷，地方法院还是可以管辖的。

（3）2002 年 7 月 2 日，最高人民法院《关于中国人民解放军北京军区房地产管理局请求法院受理军队家属住房清退案有关问题请示的复函》：“军队转业人员、遗属及退休干部子女与军队单位之间因部队住房清退而发生的纠纷，在双方没有达成住房清退协议的情况下，属于军队和地方在职干部转业、死亡以及离退休干部移交地方管理过程中的历史遗留问题，中国人民解放军北京军区房地产管理局所采取的住房清退和借房安置的具体办法具有军队行政管理性质。依据我院 1991 年 1 月 30 日《关于军队离退休干部腾退军产房纠纷法院是否受理的复函》的精神，此类纠纷应由军队和地方通过行政手段解决，人民法院不宜受理。”这个复函是对 1991 年复函作了扩大解释，事实上将军队干部住房待遇向其转业人员、遗属及退休干部子女进行了延伸。这些人员占用部队住房拒不清退的，只要没有达成清退协议，地方法院就不予管辖。所以，在这个复函出来后，很多单位将清退条款巧妙地嵌入到各种公寓住房借用、租赁、使用等协议中，最后依据这些协议中包含的清退条款，向地方法院起诉，成功得到地方法院支持进行清退。这种情况在裁判文书网中有近20件成功的案例。

（4）2003年8月8日，最高人民法院研究室《关于人民法院是否受理涉及军队房地产腾退、拆迁安置纠纷案件的答复》："根据最高人民法院1992年11月25日下发的最高人民法院《关于房地产案件受理问题的通知》的精神，因涉及军队房地产腾退、拆迁安置而引起的纠纷，不属于人民法院主管工作的范围，当事人为此而提起诉讼的，人民法院应当依法不予受理或驳回起诉，并可告知其向有关部门申请解决。"这个答复是在1992年房地产案件受理问题的通知基础上作的又一个扩大解释。原来的通知是"因单位内部建房、分房等而引起的占房、腾房等房地产纠纷"，而这个答复从字面上看，直接扩大到"因涉及军队房地产腾退、拆迁安置而引起"的所有纠纷。所以，到现在，地方法院只要一看是涉及军队房地产腾退、拆迁安置的问题就一概不予受理。

以上四个规则是当前地方法院是否受理涉军房地产案件的主要依据，办事处要处理这些住房遗留问题，就包括移交企业建房、军队房地产拆迁安置等问题。要借助地方司法资源处理这些问题，就要想办法绕开这些规定，另行发现满足地方法院管辖条件的法律关系。

## 四、住房遗留问题中的可诉法律关系分析

通过前述分析可知，要想运用法律手段处理住房遗留问题，就必须避开地方法院不予管辖的军队住房法律关系，利用住房

遗留问题涉及法律关系的多样性，努力发现那些地方法院可以管辖、又能达到解决住房管理目的的法律关系。

第一，部分移交职工以没有与部队签订租赁合同为由，拒绝支付租金的主张，恰好形成占用部队公寓住房的平等主体之间的不动产侵权之诉。在处理某修理厂职工住房遗留问题中，个别职工为了达到不缴纳租金的目的，在主张移交地方后不归部队管理的同时，还主张与部队没有租赁合同，不存在租赁关系，但其住用部队管理的住房事实是客观存在的。虽然他们主张居住的公寓住房系原修理厂出资建设，应属修理厂资产，但部队有军委移交管理文件，具有合法的管理资格，绕开了争议公寓房的权属之争。为此，我们发现，顺着个别职工的这种观点，作为已经移交至地方人员，就是与军队单位平等的民事主体，并且不再是军队内部占房、分房纠纷，他们在这个前提下一直占用军队管理的房产，就具有一般案件的管辖条件了。这样一来，对于这 14 户职工，通过与法院协调后，就顺利地进入了诉讼程序。

第二，在 2 户房改房拆迁户的相关协议中，均有拆迁回购住房前租用过渡住房的约定，正好绕开了拆迁纠纷不予受理的管辖规定，将拆迁住户先转化为一般租赁住户进行诉讼，使其进入规范管理之中。在处理这 2 户拆迁回购人员住房遗留问题时，我们发现他们的拆迁回购相关协议中，均有在回购之前可以租用部队一套住房，并按要求缴纳租金的约定。因此，从法律关系上看，这个协议就不仅仅是一个拆迁回购协议，还包含一个回购之前的一般租赁协议。由于他们不具有军队人员身份，这个租赁协议虽然享受的是部队公寓租金待遇，但仍然是一般平等主体之间的租赁合同，地方法院应有管辖权。因此，我们以此协议中的租赁条款为由，合理地避开了所谓的“军队房地产腾退、拆迁安置”的不可诉内容，顺利地进入到地方法院诉讼渠道。

第三，对于其他以单位没有尽到修缮管理义务而拒不缴纳租金的住户，我们发现其在移交办事处管理之前也曾交过一段时期租金，遂将这些租金缴纳凭证找出来，作为双方已经建立租赁法律关系的直接证据。同时表明，如果住户确实为修缮房屋产生了费用，可以提供证据从租金中扣除。这样，也绕开了所谓的因单位分房产生的纠纷管辖问题。

当然，我们在借助地方司法资源处理移交住房遗留问题的过程中，也特别注意了方式方法。一是先打“刺头”。为产生威慑效果，我们特意选择了 6 户对抗情绪比较激烈的住户，作为第一批起诉对象。这些住户一直带头不服从管理，将他们先直接起诉到地方法院，以此表明我们对这次清理工作的决心，动摇其他住户的对抗信心。二是普遍发送《律师函》。在第一批 6 户住户被起诉后，我们及时以律师事务所的名义，并派律师直接上门，向所有暂未被起诉的住户送达律师函，并全程录音录像，从法律上进一步威慑其余不配合的住户。通过这两个动作，使所有住户明确知晓我们此次处理问题的决心和手段，也因此很快就有 8 户住户主动前来配合交款，解决问题。三是全面展开诉讼。在第一批起诉和发函工作完成后，我们对仍然拒不配合的其他住户，按此前分析的法律方法，全部起诉到人民法院，进一步体现处理问题的决心。四是协调法官开展有效的调解工作。虽然我们将这些住户起诉到法院，但他们不管是干部本人还是作为亲属子女，终归都与部队有千丝万缕的感情联系。所以在起诉后，我们一方面积极应对开庭，另一方面主动协调法官，请他们多做调解工作。正是在主办法官的精心调解下，又有5户住户主动前来处理租金事宜，法官也积极配合我们撤回起诉。五是尽量少判，以判促调。在以上四个动作完成后仍有6户住户拒不配合的情况下，我们协调法院先少量判决，等这一两个判决生效后，利用生效判决来做剩余住户的思想工作，通过以判促调，减少判决影响，尽可能调和矛盾。

运用法律手段处理住房遗留问题时，我们也得到几点深刻的体会：一是利用地方司法资源处理军队住房遗留问题，一定要将法律关系设计好，并与受理法院协调好才能启动。否则可能出现像前面检索到的大部分裁判文书一样，被驳回起诉的风险很高。二是法律关系的选择运用要灵活，法律关系的复杂性，使任何法律问题中都不可能只有一种法律关系存在，如何选择有利的法律关系进行诉讼，需要全面掌握案情、全面细致地分析问题后，才能作出判断。三是借助地方司法资源处理部队住房问题的过程中，仍然要始终坚持思想政治工作，诉讼只是手段，是方法，但不是目的。通过地方法院诉讼来降低做住户思想工作的难度，通过诉讼促调，这比让法院直接判决的社会效果好。

# 六、辩护之经典：成功案例

## 一个批复文件，挽回数亿军产

上大学时，经常听老教授们说欧美法律体系是多么的复杂，但从今天来看，中国法律体系的复杂程度，笔者认为已经远远超越欧美了。在中国语境下，法的最大的特点就是“法”出多门，不仅有立法机关的法（法律），还有行政机关的法（规章），不仅有司法机关的法（司法解释），更有且无处不在的相关政策。道理上来讲，法律的效力最高，规章其次，司法解释与相关政策并不是权威的法律渊源。但在具体办案过程中，它们的效力阶梯恰恰是逆转的。因此，要打好官司，除了对法律规定熟练掌握外，还要对政策规章、各种司法解释甚至会议纪要都要熟悉掌握，这才是考验办案水平高低的分水岭。

**【案情回放】**在军队可以经商的时期，某部与开发商合作开发了一商品房小区，房屋出售后，小区内的两幢临时建筑和一片开放场地仍由部队管理使用。上一年，新成立的小区业主委员会到有关行政部门查看小区建筑规划图纸时发现，这两幢临时建筑和这片开放场地均在小区规划范围内，也就是说，按该图纸指示，这两幢临时建筑均应拆除让地，那一片开放场地也应用于建设小区公共活动设施。这一发现，让个别业主委员兴奋不已，立即合伙聘请律师向所在地法院提起诉讼。

部队接到起诉通知后，感到事关重大，按市场估值，这两幢建筑和一处场地价值将超过 4 亿元人民币，找地方律师代理，光律师费就开价三四百万元。更为可怕的是，咨询地方专家律师都明确表态，这个官司赢不了。为此，部队以专题报告形式，向上级主管部门作了汇报，请上级主管部门给予善后指示。

出于对军产可能流向社会的深切关注，我们对当年小区建设资料进行了全面研究。一是调阅小区合作建设批文，发现两幢临时建筑是经主管部门同意后继续留用的，而不是违规私存；二是到地方主管部门查看全部规划图纸，发现存在两份内容相反的图纸，业主只提供了对其有利的一份，而没有提供对部队有利的另一份图纸；三是查看原始售房合同，发现合同划线的出售区域并未涵盖争议地块，虽然面积可能已经计入销售金额。

掌握这些一手资料后，仍感到心中无底，因为这些资料具有两面性，可引导出正反两个方向的解释。分析思路不得已转向了对诉讼规则的梳理。

首先发现，原告故意进行了分案处理，将两幢建筑与那块场地分别单独起诉，分成三个案件，降低了诉讼标的，规避了中级人民法院管辖问题。其次，原告选择的是迁让案由，规避了以房产价值计算高额诉讼费用的问题。最后，采取的是业主个别授权的形式，没有召开业主大会，规避了应由业主大会进行表决的问题。

最关键的是，我们发现最高人民法院研究室曾就人民法院是否受理涉及军队房地产腾退、拆迁安置纠纷案件作出过专门答复（2003年8月8日法研［2003］123号），明确规定“军队房地产腾退、拆迁安置而引起的纠纷，不属于人民法院主管工作的范围”。

这个发现，让部队立刻有了底气，向受案法院提出了管辖异议。一是该案属于军队房地产腾退，不属于人民法院主管工作范围；二是该案标的特别巨大，超越基层人民法院管辖权限；三是原告存在伪造业主签名授权的行为，涉嫌伪造证据犯罪，根据先刑后民原则，应先交公安机关处理。

这三条异议内容提出后，地方法院非常重视，特别是涉及军队房地产腾退不属人民法院工作范围的问题，彻底改变了案件审理走向——从实体审查转到形式审查上。为此，法院首先向原告发出通知，要求原告补交数百万元的诉讼费用。原本就是人心各异的原告，在知道上述情况后，感到这个“赢定了的官司”是输定了，至今也没敢去交这笔昂贵的诉讼费用。

数亿元的涉军房地产纠纷，就此不了了之。

## 辨识个同音字，揪出个假原告

打官司，第一步就是要核查当事人信息。原、被告在打官司前一般会有接触，不会注意这个问题，但作为办案人员，身份独立于当事人，对案件相关的每一个细节都不应轻易放过，因为小问题后面经常隐匿着大问题，说不定一个不经意的疑问就会改变整个官司的基本走向。

**【案情回放】**甲系代理商，向乙供销产品。因货源紧缺，就让乙到丙处提货，货款由乙支付给甲，再由甲与丙结算。时日一长，三方结算混乱发生纠纷，甲将乙诉至法院。

此案法律关系清晰，争议不大，且被告确实已支付了绝大部分货款，原告索要的结算款与事实相距太大。被告聘请律师后，整理好往来凭证，准备应诉。庭审中，原告本人未到庭，其家属带两名律师出庭诉讼。在书记员核对当事人信息时，被告方发现原告地址填写的是“某街9号晶粟家苑”，但不知这个地址是否确属本管辖区域，于是打开“百度地图”搜索小区位置，意外发现本辖区没有这个小区，但存在一个叫“晶粟佳苑”的同音小区。是原告将“家”写成“佳”了吗？被告方感到奇怪：“一个人怎么会写错自己的家庭住址呢？”

法庭调查开始，原告宣读起诉书，被告方提高了警觉，仔细审查起诉书内容，进而又发现起诉书“起诉人”并非甲本人签名，而是甲家属代签，印有甲“食指”指印。根据诉讼必须由本人亲自提起的原则，代理人是不能以被代理人名义提起诉讼的。因此，原告要么是文盲不会签名，要么是发生了重大变故不能签名。但甲做了多年代理商，不可能连签名都不会。是甲发生了重大变故吗？如果是那样，被告应本着人道主义原则对甲表示一定关心。并且，如果甲确实发生了重大变故，也达到丧失民事行为能力的程度，那么他的民事主体资格就要受到限制，这个诉的主体就不符合法律规定，要发生变更，要在确定监护人之后，由监护人代理诉讼，而不能由原告本人自行诉讼，也不能由原告委托代理人参加诉讼了。这一连串的疑问，引起了法庭的关注，法庭停止事实调查，恢复对当事人身份核对，要求原告代理人说明情况。

在事实无法隐瞒的情况下，原告妻子说出了真相。甲确因突患疾病，不能参加诉讼，但甲没有要求起诉乙，是甲的妻子以为乙仍欠甲巨额货款，在甲不知情的情况下，以甲的名义聘请律师向法院提起诉讼的。事实真相大白，法庭向“原告”方释明诉讼规则后，“原告”方主动撤回了诉讼。

一场本不该发生的官司就此平息。

## 破解小问题，揭露隐藏大真相

小问题往往隐藏着大真相。善于盯住小问题是办案水平高低的分水岭。

**【案情回放1】**某工程协议，原、被告约定“总工程款让利16%（含税）”，还约定“预算工程未实际履行部分，让利税款由乙方支付”。后因甲方改变发包，致使结算让利无法达成一致意见，遂诉至法院。一、二审均围绕如何让利展开了激烈争论。到再审申请时，法官敏锐发现：让利何以含税、未履行部分又何以让利？进一步又发现，原、被告约定的让利，实际上是想通过工程结算来套取现金。这显然是一种非法行为，是一个无效约定。法院确认这个事实后，裁定重审此案。

**【案情回放2】**某甲微信账号8989涉嫌非法交易，被举报抓获。检察机关依法提起公诉后，辩护人发现起诉指控非法交易的微信账号变成了9898，并非8989。经过调查，确认这是被告人先后使用的两个不同微信账号，也就是说被告人被举报的8989微信账号并未涉及本诉的犯罪行为，即被告人本诉的犯罪行为在被抓获时并未被侦查机关掌握，且均系其本人主动供述，应当构成自首。法庭采纳了这个意见，减轻了量刑。

通过上述案件可以发现，小问题常常是解决案件的关键信息，小问题可小中见大，发现大问题。那么，小问题都有哪些基本特征呢？

（1）小问题往往是太过于熟悉。这些小问题，我们在听取、阅读案卷过程中，经常会被一带而过，而且是在常理上没有太多的不正常。如前案例中，家属代表当事人来参加诉讼在法院经常看到，没有太大奇怪。经济往来让利（含税），乍一看，好像也很常见，又有点不好问。对于不同的微信账号，又在不同的证据中出现，一般是不会引起注意的。所以，我们在阅卷中，一定要细，越是熟悉的证据材料越要认真看上个三四遍，越是常见的问题越要停下来想想，防止因为过于熟悉而轻视问题，让机会从身边溜走。

（2）小问题往往只是“一点不舒服的感觉”。小问题不是没有一点征兆。但这个征兆很多只是那么“一点不舒服的感觉”。打官司不是小事，特别是在重大刑事案件中，感觉到任何不舒服都应当引起高度的警觉。因为，从心理学来讲，一点不舒服是一种潜意识的提醒，属于第六感的东西。办案过程中，只要感到哪个地方有“一点不舒服”，就一定不能懒惰，不要错过第六感传出的指示。

（3）小问题往往只是个线索。小问题的作用是引出其背后的大真相。所以，小问题并不真正有意义，有意义的是小问题牵引出的大问题。从这个特点来看，发现小问题后，还要把小问题查透，不能半途而废。比如前面那个案子，甲本人到庭后，承认起诉书签名处的指纹是他本人的，但法官并没有停止追究，而是要求甲当庭再捺同一指指纹进行对比，进而给其做撤诉工作提供了有效空间。所以，发现小问题后，不能停留在小问题的面上，要深入到小问题的里面，找到大问题的线索。

最后，小问题都是“苦”出来的。每一个小问题的发现，都是靠丰富经验的积累、交叉学科的知识背景、不间断地分析思考而来的。说得玄乎一点，每个小问题都是大学问，没有多年的寒窗功夫，想靠小聪明来发觉小问题的真相，那纯粹是运气，不能长久的。我们常说，举重若轻、明察秋毫、窥斑现豹，那是因为功夫都在“诗”外。

## 醒酒不到位，被殴警察也有过

一个人的危害行为，根据主客观相统一原则，不但要有危害行动，还要有主观上的危害过错（故意或过失）。否则，仅有危害行动而无危害过错，或仅有危害过错而无危害行动，都不构成一个完整的危害行为，也不能因此承担法律上的过错责任。

**【案情回放】**某晚，某甲与同学聚会，饮酒过量与他人发生冲突，民警出警后，又抗拒处理，被押至派出所，固定在指定位置，实施醒酒约束措施。凌晨1点左右，某甲家属根据警察通知，到派出所准备带其回家。此时某甲某仍处于醉酒状态，破口大骂警察，扬言要砍死他们。警察没有理会某甲的叫骂，解除了对某甲的约束，谁知某甲脱离束缚后，对着警察就是拳脚相加，无奈，警察又将其束缚在醒酒位置，并告知家属，某甲已经涉嫌妨害公务罪，不准带离。第二天，某甲酒醒，后悔不已。

该案很快起诉。庭审中，辩护人指出：某甲殴打警察，系警察实施醒酒措施不到位引发，如果警察能将醒酒措施实施到某甲酒醒之后，不可能发生袭警行为。辩护人进一步指出：警察通知家属来领人，说明此时某甲的行为还不构成犯罪，而某甲被解除醒酒措施时，警察明知其处于醉酒状态，仍解除对其约束，是造成某甲后来殴打警察的原因。因此，某甲行为的错误，是某甲不可预知的（不可能预知在未醒酒状态下被解除束缚）。法律规定醉酒者承担法律责任，依据是一般人能够预见自己酒后行为可能失控，如果放任这种失控发生，在主观上就是间接故意，就必须承担法律责任。该案某甲某在醉酒被控制后，其醉酒状态已经受到控制，也就是说某甲放任自己进入醉酒的自我预见性已经被警察醒酒措施中断，只要将其控制到醒酒，让其恢复正常，某甲就不会发生醉酒侵害行为。因此，根据因果关系原则，某甲被采取醒酒措施后的侵害行为，原因在于警察的不当释放，其侵害行为的主观过错不在己而在警察。

公诉人对辩护意见表示反对，认为被告人并非仅在此次解除约束时对民警施以暴力。显然，公诉人是将被告人在家属来之前的行为作为了有罪认定，这显然与警察通知家属来领人的决定相悖。宣判中，法庭一方面采纳了公诉意见，一方面在量刑时给予了充分考虑，判处缓刑。

## 巧用实际履行，选择便利法院

挑法院来打官司，听了都让人不信，但如果能在法律框架内，通过匹配法律条件选择自己便利的法院，既合法又合意，这就主要看业务水平了。

**【案情回放】**某甲通过某乙向某公司供销建材，材料款却屡催未得。某日，某甲又催要，某乙实感内疚，主动承诺将补偿30万元给某甲。又过半年，公司仍未付款，某甲再催要，某乙又承诺加付5万元合并35万元补偿给某甲，并写了一张借条，算是借了某甲35万元借款，还约定了还款日期。后某甲与公司调解结算，但公司拒不认可补偿款，也不认可借条债务，某甲无奈另行起诉某乙。

某甲与代理人商量，该案如按一般管辖原则，只能到某乙所在地上海某区法院起诉，一则来回交通、食宿费用不菲，二则人生地疏，时间等成本大大增加。为了使该案能在本地诉讼，就必须找到能匹配本地管辖规则的法律事由。

分析发现，该案存在三个法律关系：买卖关系、承诺关系、借贷关系，且买卖引发承诺，承诺引发借贷，而买卖已经调解结算，被排除在外。因此，必须在承诺和借贷这两个法律关系之中寻找出最具匹配可能性的法律规则，才有可能在某甲（原告）所在地诉讼。

梳理发现，从《合同法》（当时有效）来讲，承诺关系属无名合同，其管辖规则适用一般规定，包括“原告就被告”、合同履行地、双方约定地等规则。而借贷法律关系，因该案没有实际借贷发生，必须按基础法律关系（承诺关系）审理，则仍适用承诺关系管辖规则。因此，如何在承诺法律关系中发现符合原告所在地法院管辖的法律事由，成为该案管辖问题的关键。

首先，分析承诺关系，其源头是某乙作为某甲与公司之间关系人，在公司屡次欠付某甲供材料款后，实感内疚，才主动承诺给某甲补偿款。从这个过程看，某乙的承诺建立在某甲的供货诚信上，是先有某甲的供货诚信，才有某乙的补偿承诺。因此，承诺并非无因承诺，补偿并非单方补偿，承诺法律关系也是双务行为。

其次，某乙在承诺补偿某甲 30 万元后，因公司未付款而承诺再补偿 5 万元。这个行为，应认定是某乙对第一次补偿行为的违约补偿，即第一次补偿未落实的追加补偿。这个追加，就构成了对第一次补偿行为的实际履行，履行的方式就是再多给 5 万元补偿。

再次，在追加 5 万元补偿款后，为了取得某甲的信任，某乙自愿将补偿款转化为借贷款，这一行为又是一次对补偿款的实际履行行为——以借贷的形式履行补偿款的落实。这种履行方式，看似没有实际内容，但从法律关系来讲，从承诺转换到借贷，是实质内容的转换，属于实际履行行为。

最后，根据管辖程序不审查实体法律关系的诉讼规则，该案实际履行的合理解释，只作形式审查，不作实质审查，则当然适用《民事诉讼法》司法解释关于一般合同未约定履行地点的，以接收货币一方所在地法院管辖的规定。

二审法院采纳了原告的上诉意见，驳回一审裁定，实现了某甲在本地打官司的愿望。

## 铆住合同义务，一函解决难题

民事行为第一要则就是意思自治，意思自治第一典范就是合同约定。对当事人来说，合同是最高的法律，合同义务是最高的法定义务。因此，处理合同纠纷首要的就是厘清合同义务，然后再根据时间纵轴，对各方义务进行时间排序，最后根据合同实际履行状态，指出谁先违约的事实，迫使对方按照意图迅速解决纠纷。

**【案情回放】**某酒店拟用新型材料进行创意装修，与某材料公司签订了《新型装饰材料订货安装合同》，约定材料公司按酒店审定的样图展开制作施工。工期至半，酒店发现定制安装的新型材料有多处裂纹，且样品设计存在安全隐患，遂要求更换设计，重新制作。公司认为此款新型材料存在表面裂纹属正常现象，且施工是根据酒店审定的样图展开的，不同意重新制作。双方协商未果，工程被迫中止。眼看酒店开业在即，新型材料一半已经上墙，一半堆放在酒店周围，在责任不明的情况下，酒店进退两难。

分析该案发现，此类新型材料还没有国家标准，行业标准正在制定中，而产品设计样图又是经过甲方审定同意的，如果以产品质量问题来追究对方责任，难度很大。

在产品质量问题一时难以形成共识的情况下，思路转向了合同义务：看对方在合同义务上有无违约在先的情形，并以此来迫使其承担责任，解决纠纷。

根据合同，甲方的义务主要是按期付款、配合施工和验收。而乙方的义务包括供货、提供产品标准和施工组织计划书、完成样板房安装、按组织计划完成施工和负责产品运输、损耗、保管及回收工作。从时间纵轴看，甲方第一笔30%工程款到位后，乙方应提供产品标准和项目组织计划书，并完成样板房的供货及安装。而实际履行状态是：样板房完成了供货安装，但未组织验收；工程后续展开但没有组织计划书。也就是说，乙方提供产品标准进行样板房验收、施工组织计划的合同义务没有履行。从这个状态来看，不管产品质量如何，乙方先期合同义务没有履行完成。

另外，根据合同，产品的运输、保管和回收工作，全部由乙方负责，甲方没有保管义务。也就是说在酒店周围堆放的未安装产品，甲方没有保管义务，不负责第三人造成的损害赔偿。

明确这两个情况后，酒店向公司发出了《解除合同及清离产品告知函》，要求对方在合理时间内提供产品标准和组织计划书，并组织样板房验收，否则合同自行解除，追究违约责任。同时告知函明确告知城管部门将要清理周围产品，请公司及时与城管联系，否则后果自负。

告知函发出后，因新型材料仍在试验生产阶段，无法提供产品标准，也无法提供样板房验收标准，且公司从未编制过组织计划书。无奈，公司同意解除合同，并自行将周围产品搬运清离。酒店也做了适当让步，将安装产品基本保留下来，但后续70%工程款免于支付。

这个案子处理结束后，我们感到，企业在签订合同过程中，一定要正确认识自己的履行能力，特别是涉及新产品、新技术、新领域的合作项目，设定合同义务尽量以保守为原则，不能为了抢做业务，超越企业能力承诺，致使留给对方可以随时束缚自己的把柄。

## 刑民交叉，成功辩护八字方针

刑民交叉案件辩护难是一个不争的事实。一方面，社会经济活动越来越活跃，民事活动与刑事犯罪交叉碰撞现象越来越普遍，刑民交叉案件也越来越常见。另一方面，私法自治原则越来越满足不了经济活跃给社会形态带来的变化，社会治理需要刑事治理手段侵入私法领域并享受着由此带来的立竿见影的一时之效果。所以，刑民交叉案件的辩护，一方面和一般刑事案件的辩护一样，是在控、辩、审三角平衡模式下的衡平辩护；另一方面又和一般刑事案件辩护不一样，是在控、辩、审三角平衡模式之外的社会治理需要的非衡平辩护。因此，刑民交叉案件的辩护既需要法律智慧，还需要政治智慧。

### 一、反担保"诈骗"潜逃5年——无罪辩护成立

**【案情回放】**2013年4月，某公司总经理陶某故意隐瞒其厂房已经出售给他人的事实，仍以该厂房做反担保，骗取银行贷款400万元。案发后，陶某潜逃至四川、天津等地。2019年9月，陶某在大连被公安机关查验身份证时抓获归案。

按警方通报的案情，这是一个典型的合同诈骗犯罪。厂房已经出售给他人，不应当再与他人签订反担保协议。根据《刑法》第224条第2项规定，属以其他虚假的产权证明作担保构成合同诈骗罪的情形。

接受委托辩护后，笔者第一时间在看守所会见了陶某。他说警察告诉他至少要判十年徒刑，他很害怕。但随着会见交谈

的深入，笔者发现这是一个嫌疑人主观认识错误、行为没有实质犯罪的刑民交叉案件。

第一，该厂房属陶某公司自建，属陶某公司合法财产，有2008年8月1日陶某公司与街道签订的《土地租赁协议》、街道同意陶某公司建设厂房的报告及相关权属登记办理的证明等证据证明。

第二，所谓办理反担保之前就将该厂房出售的证据实际上是一份没有生效的《入股协议书》。警方以这份《入股协议书》证明陶某以股权转让的方式，将价值520万元的厂房转让给其他股东。但笔者发现《入股协议书》第5条明确约定：本协议经社区居委会领导签字加章后生效。而协议最后一页下文“陵里社区居委会签订盖章”处注明：“此协议资产分割与陵里社区无任何关系，陵里社区仍然以2008年8月1日与陶某签订的租地协议为准。”这说明，社区居委会并未同意这个入股协议，以这个《入股协议书》证明陶某在反担保之前就转让了其厂房是不成立的。

第三，虽然该厂房现在已经被他人占有，但从法律上来讲厂房的所有权仍属于陶某，厂房是能够实现反担保功能的。由于《入股协议书》未生效，陶某虽然收取了他人的厂房转让费，但厂房所有权并未发生转移，在法律上仍属于陶某所有。至于因未生效的《入股协议书》而发生的厂房不能转让的纠纷，属另案处理的民事纠纷，也不构成犯罪。

通过这样一个证据梳理，公安机关认可了辩护人提出的法律意见，释放了陶某，撤销了案件。陶某也终于恢复了人身自由。

这个案子说明，刑民交叉案件辩护的根本，就是要充分挖掘证据，恢复民事纠纷的本来面目。

## 二、破坏“他人财产”七人被抓——不予起诉全部释放

**【案情回放】**2018 年 5 月，某建筑集团公司南京项目经理王某，因追讨工程款不成，纠集项目部十余人，持撬棍捣坏建设单位 11 楼至 13 楼天花板及防火门。经鉴定造成损失 48 万余元。建设单位报案后，警方依法立案抓获王某等七人，并移送检察机关提起公诉。

这是一起常见的暴力催债引发的刑民交叉案件，这类案件往往是有理的债权人因采取了不合理手段而陷入吃官司的困境。如果被破坏财产真的达到 48 万余元，起点刑就是 3 年以上实刑。

接受委托辩护后，我们对王某进行了详细了解。发现：被破坏的楼房已经于 2015 年 5 月折价冲抵工程款交给了王某公司，但对方公司在交付后又反悔，并擅自变更门卡进行装修准备出租。王某公司多次报警制止，但对方置若罔闻。一怒之下，王某带公司人员强行进入该楼房，捣毁部分装修（没有 48 万余元）。

了解到这个真相后，我们对这个案子有了信心。

第一，收集所有与对方公司以房抵工程款的证据。我们找到了 2015 年 5 月 30 日双方签订的《转让合同》及《补充协议》，证明以房抵款事实。之后我们又找到了当时交付的出入门禁卡，证明楼房已实际交付。最后，还找到了一份与杭州一家公司签订的《出租协议》，证明当时已将此楼房对外出租。这组证据有力地证明了涉案房产实际上已经是我方财产，并被我方实际占有的事实。

第二，发动员工提供多次上门维权并报警处理的证据。我们找到了派出所的报警记录，找到了进入现场维权并用手机拍照的公示、现场阻止视频。

第三，对现场破坏情况申请重新鉴定。通过鉴定，证明实际损坏财产不足 5 万元，大大降低了案件的危害后果，即使七人被法院认定为有罪，也在 3 年以下可判缓的范围内。

第四，积极向对方赔偿以取得谅解。虽然我们维权有理，但毕竟捣坏了对方的装修材料，我们以超过对方的要价给予了赔偿。在我方诚恳态度的打动下，对方出具了谅解函并向检察院请求谅解处理。

第五，我们在做好以上工作的基础上，与公诉人深入沟通，请求综合考虑社会影响、企业影响，以及对涉案员工个人及家庭影响，提出了免予起诉的辩护意见。

最终，检察院将该案作为一个维护企业合法利益、营造良好营商环境的典型案件，组织人大代表、政协委员、行风监督员等社会机构参与见证，传唤涉案企业双方代表到场，对七名被告人现场教育，对两公司企业现场批评指导，宣布不予起诉决定。

这个案件被报道后，取得了良好的社会效果和法律效果。这个效果说明，刑民交叉案件也可以从司法权能的社会效果角度进行协商处理，达到一个良好的政治效果。

## 三、绕道走私“暂停进口”朝鲜煤炭——报请北京判缓刑

**【案情回放】**2017 年 3 月至 8 月间，某外贸公司实际控制人赵某，在明知国家已颁布公告禁止进口朝鲜原产煤炭的情况下，采取租船到朝鲜装运无烟煤再绕道俄罗斯港口换单，将 12 万余

吨原产于朝鲜的无烟煤伪报成俄罗斯无烟煤进口，构成走私国家禁止进口的货物罪，情节严重。

粗看，这是一起典型的走私犯罪。但仔细想想，朝鲜无烟煤是优质能源，国家怎么会禁止进口呢？当事人又何必绕道俄罗斯换单，既增加运费，又要交双倍的通关费用。

带着这个疑问，辩护人到看守所与赵某进行了全面的会谈。

首先发现，赵某一直从事朝鲜煤炭进口业务，且国家一直是鼓励的。

其次，事发的原因是2017年中央决定履行联合国对朝鲜的制裁措施，于2月18日突然公告“暂停进口”原产于朝鲜的煤炭。而此时赵某公司在朝鲜刚完成一笔近亿美元的煤炭收购业务，并且已有两船煤炭离开朝鲜港口，正在向中国港口航行靠近。

最后，暂停进口公告5个月后，海关对已经到达中国港口的原产朝鲜煤炭给予了通关放行。并于8月15日才正式公告禁止进口原产朝鲜煤炭。

在此期间，赵某为了减少损失，采取绕道俄罗斯港口换单的方式，进口了12万余吨的原产朝鲜煤炭。

这是一起涉及政治因素的牵连型刑民交叉案件。在原来合法的进口行为过程中，因政治原因而涉嫌走私刑事犯罪。这种犯罪的辩护要点就在于如何发挥关联的民事合法行为的作用，如何将政治因素实质化并以此去影响刑事犯罪行为的认定和处罚。

首先，我们全面论证了“暂停进口”不是“禁止进口”，刑法解释应当采取有利于被告人原则和谦抑原则，而不应作扩大解释。

其次，我们从国家参与对朝鲜制裁的政治因素对公民个人已经完成的民事交易产生的负面影响应当给予救济的角度，弱化该案的社会危害性，并从国家能源需求角度说明这种进口行为对社会的正面效果。

再次，绕道俄罗斯换单进口是对暂停公告出台之前已经完成交易的货物损失的不得已措施，具有被迫性。

最后，指出对此类走私行为机械地适用走私货物数量进行量刑将显失公平，会打击此类外贸企业对国家经济发展多作贡献的信心。

针对我方的辩护，法院做了谨慎处理，依据有关内部请求规则，将该案报请最高人民法院并报中央有关部门，对赵某判处了缓刑予以释放处理。

## 四、非法经营“贷款”被再审——据理力争化解刑事危机

**【案情回放】**2013年3月1日至10月10日，原告某公司吴某与被告金某公司签订多份借款合同，被告金某公司向原告吴某借款2560万元。2016年，原、被告对债务进行了核算，确认被告欠原告本金、利息共4896万元。因被告未能履行还款义务诉至法院。案件审理中，双方达成调解协议，确认被告还款数额为4300万元，并协商了还款计划，由法院出具《民事调解书》确认。后市中级人民法院依职权指定原审法院对该案是否涉嫌经济犯罪进行再审核查。

这是一个已调解结案的民间借贷纠纷，案件被中级人民法院怀疑涉及刑事犯罪。从审查程序上来讲，这也是一个典型的刑民交叉案件。

但这个案件有特殊性，一是调解案件再审的条件主要是程

序性的，尊重双方意思自治原则，实体一般不再审查，但审理该案的市中级人民法院明确要求审查双方借贷是否构成经济犯罪事实。这个审查内容显然有违调解结案案件审查的规则。二是这个审查程序在原审调解结案超过 2 年申诉期间后，不是当事人申诉启动的程序，而是法院依职权启动的程序。这个程序启动显然有一定背景。三是民间借贷是否涉嫌非法经营问题具有很强的主观性。特别是这些年法院依职权发现可能涉嫌犯罪的经济纠纷案件被大量移送公安机关立案审查，这种涉案移送的条件是很低的，是一种合理怀疑标准，而不是证据充分、客观真实标准。这是比较被动的问题。

针对这些问题，我们确立了以下应对措施。

第一，坚决把住借贷型非法经营罪的入罪条件。对资金来源、借贷次数、利息计算、结算结果、支付流水等可能涉案事实进行了一一梳理。从事实符合规则的角度做了充分的准备。

第二，针对该案特殊的启动背景，当庭据理力争，并要求书记员记录在案。让主审法官感到一定的程序性压力。

第三，把握庭审方向。回答法庭问题及对方当事人问题时，时时以是否影响案件定性标准作出回答。特别是在应对法官的询问时，对法官有意无意从犯罪构成要件角度发出的询问，依据诉讼权利提出异议，做出了有效的庭审防卫。

通过这样充分的准备和积极的庭审应对，经过五次开庭后，法院宣布本次再审核查没有发现犯罪问题。

## 五、刑民交叉案件成功辩护的一点小经验

以上四起案件成功辩护的经验是多方面的，有当事人的积极配合，有办案人员的理解支持，有案件本身的有利条件。但

从辩护律师的角度来看，坚持“求实、复民、化刑、沟通”这“八字方针”至关重要。

求实，就是要全面恢复案件事实，防止断章取义，防止遗漏事实，将案件整个事实全面显露出来，恢复全面案件事实真相。

复民，就是要恢复它的民事法律关系，从民事法律关系构成要件上来证明其民事上的合规则性。

化刑，就是要化解原属于民事纠纷的案件事实被机械地满足于犯罪四个构成要件的错误，即从犯罪构成要件上来化解刑事责任。

沟通，就是要针对不同的刑民交叉案件加强与办案人员的思想沟通、法律沟通、情感沟通。刑民交叉案件往往都带有一定的背景。这个沟通很重要，不但要在感情上使办案人员保护企业和企业家的合法利益，而且要在法律上使办案人员真正认识到案件“实民非刑”的客观本质。

# 前瞻篇

# 七、辩护之发展：新型服务

## 民营企业家高发罪名解析

企业家特别是民营企业家，在经济交往过程中，为抢先获得资源、规避税费、追求高利，常常采取非常规手段开展活动，以至于长期将自己置于刑事犯罪的危险之中。一旦犯罪案发，则得不偿失，数十年的拼搏毁于一旦。撰写此文，意在对企业家作一提醒，引以为戒。

据《中国企业家犯罪分析报告》统计，民营企业家涉嫌犯罪罪名最集中的有三个，分别是虚开增值税专用发票罪、职务侵占罪和非法吸收公众存款罪，这三个罪名占到了民营企业家涉嫌罪名的40%左右，是民营企业家违法犯罪的重灾区。此外，非国家工作人员受贿罪、合同诈骗罪、挪用资金罪、拒不支付劳动报酬罪等罪名占到21%左右，也是高发罪名。

### 一、虚开增值税专用发票罪

据统计，2014 年民营企业家犯罪 677 人，其中虚开增值税专用发票罪 109 人，占 16%；2015 年民营企业家犯罪 751 人，其中虚开增值税专用发票罪 89 人，占 12%；2016 年民营企业家犯罪1591人，其中虚开增值税专用发票罪279人，占18%。可见，虚开增值税专用发票罪始终是民营企业法律风险的重中之重。

什么是虚开增值税专用发票罪？

刑法对这个罪名只作了简单叙述，并没有具体解释。《刑法》第205条第1款规定："虚开增值税专用发票或者虚开用于骗取出口退税、抵扣税款的其他发票的，处三年以下有期徒刑或者拘役，并处二万元以上二十万元以下罚金；虚开的税款数额较大或者有其他严重情节的，处三年以上十年以下有期徒刑，并处五万元以上五十万元以下罚金；虚开的税款数额巨大或者有其他特别严重情节的，处十年以上有期徒刑或者无期徒刑，并处五万元以上五十万元以下罚金或者没收财产。"

从这个规定来看，似乎所有的虚开增值税专用发票行为都是犯罪行为，是不是这样呢？

**【案例一】不以抵扣税款为目的的虚开，不构成虚开增值税专用发票罪**

2000年5月，某公司董事长陈某在招商引资过程中，为了显示公司实力，向他人购买了3700多万元伪造的增值税专用发票来做公司固定资产账目，被人民法院一审以虚开增值税专用发票罪判处有期徒刑13年。陈某不服上诉，二审认为：对于确有证据证实行为人主观上不具有偷、骗税目的，客观上也不会造成国家税款流失和其他严重后果的虚开增值税专用发票行为，虽然表面上看其符合《刑法》第205条的规定，但认定其具备刑事违法性恐怕并不符合立法原意。因此，二审撤销一审判决，宣告陈某无罪。

这是《人民司法》2008年第22期刊登的一个分析案例，也是2001年最高人民法院答复福建省高级人民法院请示的司法意见。虚开增值税专用发票罪必须具有侵害国家税款的目的，这是1995年全国人大常委会作出《关于惩治虚开、伪造和非法出售增值税专用发票犯罪的决定》的立法宗旨。该决定的目的是“惩治虚开、伪造和非法出售增值税专用发票和其他发票进行偷税、骗税等犯罪活动，保障国家税收”。如果行为人根本没有造成国家税收流失的，则不在危害税收征管犯罪的评价范围。但由于《刑法》第205条规定中没有注明这个条件，很多学者及法官坚持认为，只要有虚开增值税专用发票的行为，就构成犯罪，以致各地法院的判决仍不一致，比如下面这个案例。

**【案例二】无逃骗税故意，未造成税款流失，仍被判处虚开增值税专用发票罪**

2008年11月至2012年间，凯利通公司法人任某，为完成180万元一般纳税人辅导期年销售指标，先后两次在明知无真实交易的情况下，与阿布朗公司、自动化公司之间循环开具增值税专用发票共计106组，增值税数额共计人民币43万余元，并分别向税务机关申报抵扣进项税额，被人民法院一审判处虚开增值税专用发票罪。上诉后，二审认为任某虽然没有偷、逃税款的故意，但扰乱了国家对增值税专用发票的管理秩序，维持原判。

这是辽宁省沈阳市中级人民法院2016年宣判的一个案子，即［2016］辽01刑终718号。凯利通、阿布朗、自动化三公司之间循环开具发票，并没有偷、逃税款目的，但扰乱了专用发票管理秩序，仍可构成犯罪。因此，在《刑法》第205条规定没有被修改之前，作为民营企业，任何目的的虚开增值税专用发票行为，都是非常危险的刑事法律风险。这一点企业家们一定要牢记在心。

## 二、非法吸收公众存款罪

从统计数据来看，非法吸收公众存款罪也始终是民营企业家容易触碰的刑事法律风险，占企业家犯罪总数的13%左右，并有进一步高发之势。分析原因，国家关于融资方面的政策变化是一个重要因素，融资行为罪与非罪的界限并不十分清晰，使得民营企业融资问题一直伴随着刑事犯罪的法律风险。

如何界定集资的非法与合法，理论上讲只要是向不特定对象开展“返本付息”的集资活动，就构成非法吸收公众存款犯罪。

### 【案例三】以回购产品的方法向社会吸收资金，也构成非法吸收公众存款罪

某公司为解决资金问题，谎称购买产品可以保值、增值，并承诺两年内可随时还本返利，在西安市向社会广作宣传，并在没有任何依据的情况下，不定期地随意调高产品价格，造成产品不断升值的假象，吸引了4334名社会群众参与购买，吸收公众资金达9698万余元，后因无力偿还本利，几位公司负责人被人民法院以非法吸收公众存款罪判处了3年至5年有期徒刑。

这是最高人民法院公报的一个典型案例。这个公司与客户签订的合同，表面上是产品销售合同，但公司对客户承担两年期还本返利的义务，并有在客户退单时还需支付增值的约定，事实上就是变相的“返本付息”。因此，从“返本付息”的特点来看，非法吸收公众存款与民间借贷有时是很难区分的。

**【案例四】通过朋友向多人贷款，属变相吸收公众存款犯罪**

2007年至2010年间，被告人翟某某在投资开发水溶性塑料薄膜专利项目、开办快递公司、网络公司期间，通过朋友介绍或委托朋友帮忙向王某某等34人借款共计人民币1235万余元，约定返本付息，被北京市海淀区人民法院以非法吸收公众存款罪判处有期徒刑7年。

海淀区人民法院认为，翟某某在明知未经中国人民银行批准，不得从事以公开方式募集资金业务的情况下，仍以公司的名义向社会不特定对象吸收资金，并承诺在一定期限内还本付息，其行为符合非法吸收公众存款罪的构成要件。

所以说，我们通过朋友向社会借款，虽然朋友不是公众，但朋友后面的朋友就可能构成非法吸收公众存款犯罪的对象。

那么，民营企业如何融资才能避免犯罪风险呢？根据2010年12月最高人民法院《关于审理非法集资刑事案件具体应用法律若干问题的解释》，民营企业在融资过程中至少要把握这样三点：

第一，吸收存款的目的必须是用于正常的生产经营。如果融资资金主要用于正常的生产经营，并能够及时清退所吸收资金的，即使非法吸收或变相吸收公众存款，也不会作为犯罪处理或免予刑事处罚。

第二，不得以公开宣传的方式非法集资。向不特定对象进行融资，是非法吸收公众存款罪与非罪的根本界限。未向社会公开宣传，在亲友或者单位内部针对特定对象吸收资金的，不属于非法吸收公众存款的情形。

第三，尽量避免采取在一定期限内以货币、实物、股权等方式承诺还本付息或者给予回报的方式融资。这些行为都很可能构成实质上的“返本付息”从而构成非法吸收公众存款犯罪。

## 三、职务侵占罪

职务侵占罪发案率基本保持在民营企业家犯罪人次的 12%左右（2014 年 99 人次占 12.6%，2015 年 92 人次占 12.5%，2016 年 211 人次占 12.3%），与虚开增值税专用发票罪、非法吸收公众存款罪一起成为民营企业家刑事法律风险的三大重灾区。究其原因，除一些企业家主观上确实存在故意实施侵占公司财产的犯意外，对民营企业的管理不规范、对公司法律制度的错误理解以及个人对自己创立的企业在感情上的私有化，致使民营企业家自觉不自觉地将企业财产视为个人财产，将企业业务视为个人业务并在企业管理中实施家长制，这是民营企业家屡涉职务侵占罪的一个主要原因。

**【案例五】将公司财产混同个人财产，随意开支**

广州某电器实业公司董事长兼总经理钟某，为鼓励员工做出业绩，擅自使用公司资金 500 多万元为公司员工及家庭成员购买房产和车库，并将支出在公司会计账上列为其他应付款作冲平处理，被法院认定构成职务侵占罪，获刑 10 年并没收个人财产 50 万元。

这是典型的企业与个人不分家的思想。企业家通过个人努力，打拼建立企业后，总认为公司就是个人的，不愿从公司的社会属性来对待自己创立经营的公司企业，在经济上公私不分，随意开支，以致走上犯罪道路。

**【案例六】将公司业务混同个人业务，收入不入公司账户**

某金融资产管理公司董事长徐某某，在以公司名义为某知名企业实现融资10亿元人民币收取融资服务费中，以个人账户收取企业融资服务费2000万元，被法院认定为职务侵占罪，判决有期徒刑7年。

一些家族企业，特别是一些一人公司在开展业务时，常常是公司业务与个人业务不分家，或是为了规避企业税费，在以公司名义签订合同后，要求对方将有关费用打入个人账户，一旦事发就可能构成侵占公司企业资金犯罪。

**【案例七】将家长作风带入公司管理，不按章程决策**

2012年至2014年8月间，某照明公司创始人吴某某为建设其个人实际控制的“雷某大厦”项目，在未经授权及公司董事会决议通过的情况下，个人决定将某照明公司存于银行的流动资金存款转为保证金存款，为“雷某大厦”项目申请的9亿多元流动资金贷款提供质押担保，出质保证金人民币92 388万元。上述贷款发放后，均由吴某某支配用于“雷某大厦”项目建设、偿还银行贷款、个人借款等。后由于无力偿还贷款，致使某照明公司5.5亿余元保证金被银行强行划扣。吴某某也因此被判处职务侵占罪，获刑6年。

企业老板在企业内部确实具有绝对的权威，这不是问题，但在企业重大事项决策，特别是资金的使用上，一定要严格遵守公司章程，按法律程序办事，不能一意孤行，否则就可能埋下犯罪隐患。

**四、挪用资金罪**

挪用资金罪占到民营企业家犯罪的5.7%左右。与职务侵占罪相比，一方面是挪用本单位资金归个人使用或者借贷给他人，另一方面是将本单位财物非法占为己有，二者在司法实践中常常发生混淆。挪用资金与侵占资金在客观表现上几乎没有太大区别，主要区别在于主观上是否具有非法占有的故意，而主观的问题是很难分得那么清楚的。所以，发生涉嫌侵占资金罪时，一般都努力往挪用资金问题上辩护，希望得到从轻处罚。

如何区分挪用资金与侵占资金行为，从司法实践看，关键要看是否侵犯了资金的处分权，通俗讲，也就是看是否把账做平了。挪用资金的目的是使用资金，并通过使用获得利益，但最终是想归还的，所以一般在账上不会做平；侵占资金的目的是完全占有资金，不仅仅是想使用资金，还是通过占有获得资金的全部处分权，所以必须让资金在账上做平，不留痕迹。

**【案例八】利用职权擅借公司资金给朋友做生意**

某物资公司总经理葛某，擅自将公司的25万元借给朋友郑某做海蜇生意，因郑某生意严重赔本，使公司的25万元长期得不到归还，被法院以挪用资金罪判处有期徒刑。

在这个案子中，葛某并没有在公司账上做手脚，而是利用职权将资金交由朋友投资使用，并等待朋友能在资金回笼后返还，因此构成挪用资金罪。

## 五、合同诈骗罪

合同诈骗罪在民营企业家犯罪的比例中基本占6%左右（2014年40人次，占5%；2015年51人次，占7%；2016年107人次，占6.2%），排在高发罪名前十名中。根据《刑法》第224条规定，合同诈骗罪是指以非法占有为目的，在签订、履行合同过程中，骗取对方当事人财物，数额较大的行为。这是1997年《刑法》增设的罪名，在此之前，对于利用经济合同进行诈骗，都是按照一般诈骗罪定罪处罚。考虑到改革开放以来经济来往频繁，在经济合同表象下发生的诈骗行为欺骗性更大，识别更困难，有必要设立专门罪名对其进行规制。为此，《刑法》第224条还专门列举了合同诈骗罪的四种典型形态：

（一）以虚构的单位或冒用他人名义签订合同的

**【案例九】假“司长”虚构假工程，签假合同骗取钱财**

2003年2月，王某某谎称自己是中国石油天然气集团公司计划司“司长”，虚构了一个“辽河石油管理局油建公司24号工程项目”，伪造了虚假的工程批文，与核工业部所属的某集团公司经理陈某某签订了一份虚假的“24号井至主干线公路工程施工承包合同”，先后收取对方活动经费103万元，被上海警方抓获。法院审理认为，王某某以虚构的单位和工程与他人签订合同，骗取他人钱财，构成合同诈骗罪，对其判处了无期徒刑。

（二）以伪造、变造、作废的票据或者其他虚假的产权证明作担保的

**【案例十】伪造资金转入凭证，假理财真诈骗**

2001年10月，某投资公司实际出资人国某某，指派公司法人与某机场投资管理公司签订资产委托管理协议，在没有实际资金的情况下，指使他人向机场投资管理公司出具虚假的资金转入凭证和资金对账单，置换机场投资管理公司2.95亿股票及1亿元人民币，并为其买卖国债理财。国某某公司获得股票、资金后，将股票全部抛售，除以理财收益的名义分八次支付给机场投资管理公司外，其余资金全部被国某某及其公司占有使用，无法归还。法院以合同诈骗罪判处国某某有期徒刑16年，单位

被判处罚金1000万元。

### （三）没有实际履行能力，以先履行小额合同或者部分履行合同的方法，诱骗对方当事人继续签订和履行合同的

**【案例十一】高买低卖，骗取他人预付款**

某煤气公司业务经理谭某，私下与某纸箱厂签订石油气买卖合同后，通过以市场价购买、低价交付的方法，向纸箱厂交付少量石油气产品后，诱骗纸箱厂继续与其签订合同并交付预付款156万元。案发后谭某主动投案，被法院以合同诈骗罪判处有期徒刑3年。

### （四）收受对方当事人给付的货物、货款、预付款或者担保财产后逃匿的

**【案例十二】骗货又骗款，外商也要被判刑**

某韩国商社营业董事沈某，代表商社与菲西尔公司签订共计13.4万美元的服装采购合同，同时又代表公司将该批服装卖给美国一家公司。在收到美国支付的全部货款后，未将货款支付给菲西尔公司就携款潜逃，被边防检查人员抓获。法院以沈某在履行合同过程中，收受对方当事人货款后逃匿，具有非法占有目的为由，构成合同诈骗罪判处沈某有期徒刑5年。

以上是《刑法》列举的四种合同诈骗罪的典型形态。通过这四种形态的合同诈骗，我们有时会感到，合同诈骗与经济纠纷具有一定的外表相似性。司法实践中也确实有一些合同纠纷被错误地认定为合同诈骗，比如下面这个案例。

**【案例十三】“一房二卖”无诚信，双倍赔偿立警示**

2010年8月，某房地产公司与胡某某签订购房合同，约定

将明珠花苑×号楼101室出售给胡某某，并收取胡某某定金5万元，后又收取胡某某购房款13万元，但未能交付房产。后来得知，该房早于2006年10月就被房地产公司卖给了杨某，并办理了过户手续。胡某某得知房地产公司“一房二卖”后向公安机关报案，公安机关以合同诈骗犯罪将房地产公司法人刘某刑事拘留。后刘某之妻自愿筹集现金18万元归还胡某某，公安机关遂将刘某释放。因损失赔偿事宜，胡某某又将房地产公司起诉至法院，法院以房地产公司故意隐瞒所售房屋已经出卖给第三人的事实，又与原告签订商品房买卖合同显系不诚信行为，判决惩罚性赔偿胡某某损失及定金共计18万元。

“一房二卖”不构成合同诈骗的主要原因，是售房方并没有携款逃匿，房地产公司并没有非法占有胡某某购房款的主观故意。

## 六、非国家工作人员受贿罪

非国家工作人员受贿罪也是民营企业家高发的犯罪类型（2014年46人次，占5.8%；2015年34人次，占4.6%；2016年45人次，占2.6%）。《刑法》第163条规定：“公司、企业或者其他单位的工作人员，利用职务上的便利，索取他人财物或者非法收受他人财物，为他人谋取利益，数额较大的，处三年以下有期徒刑或者拘役；数额巨大或者有其他严重情节的，处三年以上十年以下有期徒刑，并处罚金；数额特别巨大或者有其他特别严重情节的，处十年以上有期徒刑或者无期徒刑，并处罚金。公司、企业或者其他单位的工作人员在经济往来中，利用职务上的便利，违反国家规定，收受各种名义的回扣、手续费，归个人所有的，依照前款的规定处罚。”《刑法》设置这一罪名的目的，主要是预防和惩处民营企业管理人员利用职权进行腐败、破坏正常的市场经济秩序的行为。在理解这个罪名时，如何与正常馈赠、合理报酬进行区分，是企业行为罪与非罪的关键。

**【案例十四】暗收回扣来钱爽，一旦事发空悲喜**

2008 年至 2009 年 4 月，某公司市场服务部经理朱某某，利用职务便利，在与中撼公司、闪创公司的业务往来过程中，按照业务量的 9%收取回扣共计 115 万元，另在其他业务往来过程中，收受客户单位所送的好处费共计 60 万元。其被人民法院以非国家工作人员受贿罪，判处有期徒刑 4 年。

笔者认为，区分一般经济往来与受贿犯罪的关键在于收受的回扣及好处费等财物是否符合政策、法律的规定，并具体结合下面几个因素全面分析：一是发生财物往来的背景，如双方是否存在亲友关系及历史上交往的情况和程度；二是往来财物的价值，是否超出了一般人情往来的标准；三是财物往来的缘由、时机和方式，是否存在职务上的请托；四是接受方是否利用职务上的便利为提供方谋取利益。从这几个方面全面衡量分析，就能准确判断接受财物的法律性质。

## 七、拒不支付劳动报酬罪

在企业家犯罪统计中，拒不支付劳动报酬罪的发生比例与社会经济的发展变化存在一定的关联关系。根据统计，2014 年有 29 人次，占 3.7%；2015 年有 39 人次，占 5.3%；2016 年有 45 人次，占 2.6%，始终在高发罪名的前十名之列。

拒不支付劳动报酬罪是《刑法修正案（八）》增设的罪名。拒不支付劳动报酬行为在此之前一直都是由民事法律关系来调整，但随着金融危机和经济发展下行影响，一些企业特别是建筑业行业对劳动者不支付劳动报酬的现象越来越多，由此引发的“群体性事件”时有发生，其中恶意拖欠劳动者劳动报酬的问题，已经成为影响社会稳定、危害民生的社会问题。将恶意拖欠劳动者劳动报酬的行为纳入刑罚打击的对象就顺应了全国人民的意愿。

根据《刑法》第 276 条之一规定，以转移财产、逃匿等方法逃避支付劳动者的劳动报酬或者有能力支付而不支付劳动者的劳动报酬，数额较大，经政府有关部门责令支付仍不支付的，处三年以下有期徒刑或者拘役，并处或者单处罚金；造成严重后果的，处三年以上七年以下有期徒刑，并处罚金。

从这个规定可以看出，拒不支付劳动报酬罪有两种基本类型：一是用人单位以转移财产、逃匿的方式拒绝支付劳动报酬的；二是用人单位有能力支付而拒不支付劳动报酬的。

**【案例十五】领了工程款拒不发工资，被抓给钱还判刑**

胡某某于2010 年12 月分包了某景观工程，之后聘用多名民工入场施工。施工期间，胡某某累计收到发包方工程款 51 万余元，已超过应收的实际工程款。但工程完工后，胡某某谎称工程亏损拖欠李某某等 20 多名民工工资达 12 万余元。6 月 9 日，县政府有关部门责令胡某某支付拖欠的民工工资，胡某某却于当晚乘飞机逃匿，在浙江慈溪被公安机关抓获，被以拒不支付劳动报酬罪判处有期徒刑 1 年，并处 2 万元罚金。

这是以逃匿方式拒不支付劳动报酬的典型案例。

**【案例十六】强签协议拒付款，照样构成劳资罪**

某企业法人李某，因外欠债务巨大，在企业账户有钱的情况下，故意拖欠工人工资 3 月余，数额较大。在工人向劳动监察部门举报后，李某仍拒不支付工资，并采取和工人签订延缓支付协议的方式变相拒付，被检察机关以拒不支付劳动报酬罪起诉至法院，被判处有期徒刑 6 个月。

这是一个有能力支付而不支付劳动报酬的典型案例。该案中，李某主观上具有恶意欠薪的故意，客观上有能力支付，经有关机关责令改正后，仍以签订延缓支付协议的方式变相拒付，最终被定罪判刑。

# 涉嫌犯罪企业之出罪路径

最高人民检察院牵头研究试点的企业刑事合规制度，从企业和企业家的角度来讲，就是要给他们一条逃脱刑事处罚的出路，要让企业和企业家不因企业内外相关人员的违法犯罪活动而受到牵连，并以刑事奖励的方式告诉企业和企业家如何走出一条刑事合规经营之路。这条路就是一旦有事的出罪之路。

企业刑事合规虽然成了认罪认罚从宽制度研究之后的新热点，但观察发现这些研究几乎都是站在办案机关或第三方合规监管角度思考的，从企业和企业家角度出发思考企业刑事合规问题的不多，特别是能够清晰地为企业和企业家指明如何走刑事合规之路的研究还是比较少的。作为一名律师学者，笔者从律师工作的角度，感到要从企业和企业家的出发点来讲企业刑事合规才更有实在感。为此，研究企业和企业家刑事合规，第一需要也是最终需要搞清楚的问题，就是要把这条国家给予企业和企业家的出罪路径给找出来，给描绘好，并向企业和企业家清晰地表达。同时，为企业和企业家搭建精准的合规计划，使企业和企业家真正体会到刑事合规政策的重要性，并远离企业犯罪之路。

第二需要说明的是，为什么要将企业和企业家放在一个问题里讲，这与我国单位犯罪的双罚制是一致的。《刑法》第31条规定：“单位犯罪的，对单位判处罚金，并对其直接负责的主管人员和其他直接责任人员判处刑罚。”正是根据这一条，有的企业家往往是闭门家中坐，罪从天上来，常州的李某在义乌被起诉重大责任事故罪就是最好的说明。所以，谈企业的出罪路径，在双罚制下就是企业家的出罪路径。

第三需要说明的是，为什么只讲出罪路径，不讲不抓不捕、判轻判缓的问题。笔者认为这些问题都是出罪问题的应有之义，都包含在出罪问题当中。根据举重以明轻的道理，出罪问题搞清楚了，从宽判缓和不抓不捕的问题自然就搞清楚了。

那么，如何搭建企业和企业家的出罪路径？

研究的思路采用的是逆向论证法，即以出罪路径的出罪口作为研究的起点，然后研究出罪口设置的理论和实践依据，最后梳理出一条完整的企业和企业家的出罪路径。

## 一、企业和企业家出罪路径的出罪口

出罪路径的出罪口是出罪路径的终点，也是出罪路径的目的地。为什么要先找出罪口在哪，这是因为企业和企业家对刑事合规制度真正感兴趣的点就在于它的出罪功能。正如大多数学者研究所讲：没有有效的刑事激励，就无法建立刑事合规制度。陈瑞华老师就明确指出：企业合规作为一种公司治理方式，本身并不会自动地发挥作用，而唯有建立外部的激励机制，这种公司治理方式才会得到激活。那么，这个出罪口到底是什么？可以直观地从最高人民检察院相关试点文件和典型案例中得到答案。

2021 年 6 月 3 日，最高人民检察院联合司法部、财政部等出台的《关于建立涉案企业合规第三方监督评估机制的指导意见（试行）》第 14 条规定：人民检察院在办理涉企犯罪案件过程中，应当将第三方组织合规考察书面报告、涉案企业合规计划、定期书面报告等合规材料，作为依法作出批准或者不批准逮捕、起诉或者不起诉以及是否变更强制措施等决定，提出量刑建议或者检察建议、检察意见的重要参考。根据这条规定，涉案企业在实施刑事合规计划后，检察机关将根据实施情况作出是否批捕、是否起诉、是否变更强制措施等决定。而不批捕和变更强制措施并不能直接达到出罪的目的，只有不予起诉，这个案子才具有了一个明确的结论：不构成犯罪或者不移交法院审判。这就达到了出罪的目的。所以，在实施第三方监督评估机构的刑事合规案件中，不予起诉就是涉案企业和企业家出罪的出罪口。

另外，2021 年 6 月 3 日最高人民检察院公布《四起企业合规改革试点典型案例》，其中两起以不予起诉结案，两起是从宽处罚判处缓刑。如：张家港市某化机有限公司通过私设暗管，非法排放含有镍、铬等重金属的酸洗废水，超过《污水综合排放标准》的 29.4 倍和 19.5 倍。检察院在对公司进行办案影响评估后，指导该公司开展刑事合规建设，最终决定不予起诉。还有，新泰市 6 家建筑企业串通投标被移送起诉，检察院查清这 6 家企业是被胁迫陪标的情况的同时，了解到这 6 家企业常年承接全市重点工程项目，年创税均达 1000 万元以上，其中 1 家企业年创税 1 亿余元，在繁荣地方经济、城乡建设、劳动力就业等方面作出了突出贡献后，决定对这 6 家企业作出不起诉决定。

同时，检察机关还向 6 家涉案企业发出检察建议，要求企业围绕所涉罪名及相关领域开展合规建设，并对合规建设情况进行跟踪监督。最后举办检察建议落实情况公开回复会，对合规建设情况进行验收，从源头上避免再发生类似违法犯罪问题。

这些典型案例都清楚地表明，企业和企业家要想免予定罪，其合法的路径只能是不予起诉。

## 二、企业和企业家出罪路径的理论依据

在明确出罪路径的出罪口后，我们就会发现一个问题：既然企业或企业家已经涉案并被移送起诉，也就是说已经有充分的证据证明存在犯罪事实和行为，又如何通过企业刑事合规来免予起诉呢？也就是说企业刑事合规达到不予起诉的理论依据在哪里？只有把这个问题搞清楚才能有的放矢地打造符合出罪目的的企业刑事合规计划。

这里需要说明一个问题，对合规不起诉问题的法律依据，笔者作了回避，暂不探讨。因为我们是在探索一个新的制度，既然是新的制度，就不会存在于当前的法律制度之中，而且还会与当前的法律制度产生一定的矛盾。这正是我们试点工作所要提出并解决的问题。所以，暂时回避了合规不诉的法律依据问题。

### （一）理论依据之一：合作性司法的奖励机制

合作性司法在现代司法实践中具有越来越重要的地位。被告人的自愿认罪、主动退赃退赔、积极与办案机关合作妥协，都会得到司法机关宽大处理的政策或法律奖励。而企业主动建立刑事合规制度，其主观上虽然是为了企业合规经营，但其客观上就是一种与司法机关的积极合作，在可能涉及刑事犯罪的领域，通过建立刑事合规计划避免刑事犯罪。而一旦这种避免没有成功仍涉嫌犯罪时，司法机关给予其主动建立刑事合规的行为以政策或法律上的奖励。奖励既可以是从轻、减轻刑事处罚，也可以是通过不予起诉的方式使涉嫌犯罪企业免受刑罚。现阶段，检察机关推行的刑事合规试点，适用比较多的是不予起诉。检察机关事实上将涉案企业是否建立起刑事合规作为是

否决定不予以起诉的条件，有点类似于适用于未成年人犯罪的附条件不起诉制度，其目的是推动企业合规、促进企业依法自治。

（二）理论依据之二：犯罪预防理论的扩张

传统刑罚理论强调刑罚以报应刑为主、预防调节刑为辅。但在现代企业制度下，如果继续坚持对涉案企业实施严刑峻罚，可能损害的不仅是企业本身，还包括企业的员工、客户、商业伙伴、股东等众多善意第三人的利益，同时也可能损害国家、社会的公共利益。在此背景下，预防企业出现刑事违法行为，激励企业主动建立刑事合规计划，并给予其合规不起诉等政策或法律奖励，目的是预防企业犯罪，避免或减少企业犯罪可能对善意第三人利益及公共利益的影响。毫无疑问，正是犯罪预防理论的扩张，推动了世界各国特别是发达国家积极地建立起企业合规法律奖励。目前我国试点的合规不起诉就是要督促企业建立旨在预防犯罪发生的合规防控体系，它标志着司法处理涉嫌犯罪企业时，越来越重视犯罪的预防。

（三）理论依据之三：企业独立意志的回归

一直以来，我国单位犯罪制度始终坚持的是主客观相一致原则，只要单位内部人员以单位名义，为实现单位利益，体现单位意志所实施的犯罪就是单位犯罪。在这一原则的规范下，不管单位是否意识到其内部人员是否是为单位利益实施犯罪，单位都要承担刑事责任。这种单位犯罪的认定方式，使单位失去了独立的意志。单位意志被捆绑在企业内部人员的意志之中，企业想通过与单位人员进行切割的方式出罪几乎不可能，从而严重损害了企业和企业家的刑法利益。值得庆幸的是，这一现状正在逐步改变。

2016年兰州法院对雀巢公司员工侵犯公民个人信息一案进行了终审判决，这是我国“企业合规无罪抗辩第一案”，法院正是考虑到企业的独立意志，将公司责任与员工责任作了切割，认为雀巢公司通过员工手册、行为规范等证据，证实了雀巢公司一直在禁止员工从事侵犯公民个人信息的违法犯罪行为。这些涉案员工实施的侵犯公司个人信息的犯罪行为均为其个人行为，并不体现雀巢公司的主观意志。为此，法院认定雀巢公司并不承担法律责任。

将企业与企业内部人员的意志进行独立评价，这是给予合规企业不诉的事实基础。只有将企业与其员工的个人行为进行切割，才有机会在事实上涉嫌犯罪的情况下，惩罚犯罪的员工，而放过犯罪的企业，给其不予起诉的待遇。

这种观点在2017年修订的《反不正当竞争法》中也得到了体现。该法第7条第3款规定：“经营者的工作人员进行贿赂的，应当认定为经营者的行为；但是，经营者有证据证明该工作人员的行为与为经营者谋取交易机会或者竞争优势无关的除外。”根据这一规定，在企业因员工的商业贿赂而被推定承担责任的时候，给予了企业证明该工作人员的行为与经营者谋取交易机会或者竞争优势无关的证明机会，即允许企业在与其员工个人的违法行为之间建立一道防火墙。这道防火墙就是企业通过刑事合规计划切割了不具有企业意志的员工个人违法犯罪行为，并以此为由获得不起诉的出罪待遇。

通过以上理论依据分析我们可以看出，在不考虑现行法律规则的情况下，企业刑事合规计划的打造必须满足这些理论要求才能实现其出罪功能。为此，我们研究的第三个问题就是企业合规计划如何满足合规不起诉的理论要求。

## 三、企业和企业家出罪路径的条件满足

### （一）合作性司法的条件满足

合作性司法的核心理念在于涉案对象的合作。从企业刑事合规的角度来讲，可分为事前合作和事后合作两个方面。

#### 1. 事前合作——刑事合规计划的日常打造

事前合作，是企业在运营过程中，在未发生或未被发现任何犯罪事实之前，主动建立刑事合规制度的行为。这种合作正是我们追求的合规目标。但我们都知道，企业在未发生任何犯罪事实之前是不愿意主动建立，特别是引入第三方监管来建立刑事合规计划的。即使是企业在事前建立了相关计划，更多地也是在监管部门的要求下被动建立的。因此，在合规不起诉制度建立之初，我们应当在刑事奖励政策上对主动建立事前合规的企业和企业家给予更宽的优待，包括税收上的优待。

#### 2. 事后合作——刑事合规计划的监督打造

事后合作，这可以说是绝大部分涉案企业和企业家都会积极主动进行的合作。进入审查起诉程序之后，不移送起诉意味着不会被法院判决有罪，因此，涉案企业和企业家都愿意积极寻求合作。但这种合作实质上是被动的合作。最高人民检察院等出台的《关于建立涉案企业合规第三方监督评估机制的指导意见（试行）》，就是当前试点工作对企业和企业家事后合作的指导意见。

### （二）预防犯罪的条件满足

预防犯罪条件的满足，是要求企业刑事合规计划能够达到对犯罪预防的实际效果，而不是一个摆设。这是从企业建立刑事合规计划的有效性来考查的要素。为此，我们首先要求企业

建立的刑事合规计划是可行的，并在企业运营过程中得到实际履行。其次，我们要求这些计划在实际履行过程中起到了预防企业和企业家犯罪的效果。为此，企业在实施刑事合规计划时，要有合规效果的反馈机制，包括合规制度的查验、违反合规计划的处罚和修正、第三方对合规计划实施的监督。这些都是刑事合规计划是否具有预防犯罪效果的条件要求。当然，这种预防犯罪效果的满足也包括事前预防——积极的犯罪预防效果满足，和事后预防——消极的犯罪预防效果满足。总之，从预防犯罪效果来看，企业刑事合规计划应当是一个开放的系统，是一个可调节的系统，是一个有针对性（针对不同企业可能存在不同的犯罪风险）而不是一个普遍性的版本。

（三）企业独立意志的条件满足

企业独立意志是一个主观上的认定问题。在企业与企业员工客观行为难以准确区分的情况下，主观地切割就是最有效的方法。在兰州法院雀巢公司员工侵犯公民个人信息一案的判决说理中，我们看到了企业与员工意志切割的证明规则。为了证明雀巢分公司区域经理郑某等人通过支付好处费等方式从多家医院获取公民个人信息的行为不是公司行为，雀巢公司出示了包含“对医务专业人员不得进行金钱、物质引诱”的培训材料和员工的承诺函，以及相关培训内容的测试成绩等证据，证明这些员工是在追求个人工作业绩的考量下所实施的个人行为，而雀巢公司尽到了管理、监督、教育、培训的注意义务。这些员工违背了公司管理规定，也就意味着违背了公司的主观意志。雀巢公司通过这些证据证明，在员工的犯罪行为过程中，公司不存在故意或过失责任。

（四）足以证明企业展开了有效的刑事合规计划

从雀巢案件可以看出，企业独立意志的条件满足，企业必须提供充足的证据，承担并完成举证责任。为此，在企业建立刑事合规计划的过程中，既要建立满足这些证据需要的形式要件（证明文件），又要满足证明企业意志已经灌输到员工个人的实质要件（合规计划的实施文件）。

## 四、结语

通过以上的合规不起诉路径的分析，企业和企业家的出罪路径已经呈现在我们面前。即：主动积极地建立刑事合规计划、积极有效地实施刑事合规计划、清晰地保留所有刑事合规证据。做到这三个方面，刑事犯罪问题将远离企业和企业家。

# 认罪认罚案中的律师作用

建立认罪认罚从宽制度，是这些年我国刑事诉讼制度改革的一件大事，是推动国家治理体系和治理能力现代化的重大司法举措。但从制度试点到入法全面实施以来，正反两方面的反响始终不断。叫好的主要是检察院方面，通过认罪认罚从宽之后，大大缩短了办案周期，减轻了办案压力，缓和了社会矛盾。因此，除了少数拒不认罪认罚的刑事案件外，几乎所有案件都走了认罪认罚从宽程序（以江苏省检察机关公布的2021年主要办案数据来看，全省去年适用认罪认罚从宽制度审结114 130人，占同期审查起诉案件审结人数的92.92%）。

批评的声音更多地出现在辩护律师方面，普遍反映认罪认罚案件“辩护难、不敢辩、越辩越重”。与传统辩护方式相比，认罪认罚案件的辩护重心转到了检察院的公诉阶段。而这个阶段刑事诉讼法又没有给律师一个与公诉人面对面的法定辩护环节，辩护工作主要就是打电话沟通或提交书面辩护意见。考虑到书面辩护意见会留下不认罪认罚的痕迹，一般律师又不怎么敢直接提交。

因此，有必要就认罪认罚从宽制度对律师辩护工作的利弊影响作一个全面客观的梳理，然后找出对策。

## 一、认罪认罚从宽制度下辩护内容的变化

### （一）2018年10月修正的《刑事诉讼法》有关辩护内容的变化

第一，体现在该法第173条第2款规定：“犯罪嫌疑人认罪

认罚的，人民检察院应当告知其享有的诉讼权利和认罪认罚的法律规定，听取犯罪嫌疑人、辩护人或者值班律师、被害人及其诉讼代理人对下列事项的意见，并记录在案：（一）涉嫌的犯罪事实、罪名及适用的法律规定；（二）从轻、减轻或者免除处罚等从宽处罚的建议；（三）认罪认罚后案件审理适用的程序；（四）其他需要听取意见的事项。”这个规定说明，辩护人在公诉阶段就必须展开全案的辩护工作。这与之前的规定是有重大区别的。之前的辩护工作主要是在法庭上与公诉机关进行辩论，以求说服法官。而在认罪认罚从宽制度下，辩护工作重心前移到检察院的公诉阶段，力求在公诉人提起公诉前说服公诉机关。这是认罪认罚从宽制度入法对辩护工作的最大影响。改变了之前辩护人在法庭上三角平衡模式下的辩护场景，成了仅面对公诉人一方的独立交往式辩护。

第二，体现在第 174 条第 1 款规定的“犯罪嫌疑人自愿认罪，同意量刑建议和程序适用的，应当在辩护人或者值班律师在场的情况下签署认罪认罚具结书”。实践做法是，认罪认罚具结书首先由律师向犯罪嫌疑人说明是否可以确认后，犯罪嫌疑人才会签字，然后公诉人再要求辩护律师也在上面签字见证。这样的操作就要求律师在见证之前就必须对全案事实、全部量刑问题能够准确地发表辩护意见，给犯罪嫌疑人一个明确清晰的建议。所以，相比之前的辩护工作的时间节点就紧张多了。因为公诉阶段留给辩护律师的时间一般只有一个半月左右，甚至有的只是在签字前的几天时间。这样的要求对律师的辩护工作是非常不利的。所以有很多律师在劝说犯罪嫌疑人签过字后，再发现犯罪事实和证据有问题就不敢多说话了。

第三，体现在第 201 条的规定：“对于认罪认罚案件，人民法院依法作出判决时，一般应当采纳人民检察院指控的罪名和量刑建议，但有下列情形的除外：（一）被告人的行为不构成犯罪或者不应当追究其刑事责任的；（二）被告人违背意愿认罪认罚的；（三）被告人否认指控的犯罪事实的；（四）起诉指控的罪名与审理认定的罪名不一致的；（五）其他可能影响公正审判的情形。人民法院经审理认为量刑建议明显不当，或者被告人、辩护人对量刑建议提出异议的，人民检察院可以调整量刑建议。人民检察院不调整量刑建议或者调整量刑建议后仍然明显不当的，人民法院应当依法作出判决。”

这条规定实际上就是给认罪认罚案件在审判阶段的辩护范围作了明确限定，指出了什么情况可辩，其余情况就不可辩了，否则就要取消认罪认罚从宽待遇。但控辩审三家对这一条的解读是各有侧重的。控方认为，我的罪名和量刑建议是不能动的，必须按我的建议判，否则我就抗诉。辩护人比较喜欢这条，认为虽然签了认罪认罚具结书，但是辩护人还是可以对五项除外情况进行辩护，甚至包括无罪辩护（被告人认罪认罚，辩护人以存在除外情形作独立的无罪辩护）。法院认为这里的除外情形一般要有新的证据并且在签署具结书时没有考虑在内的，否则会被认为是翻供取消从宽待遇，从重处罚。在这样的规则下，辩护律师的庭上辩护空间就几乎不存在了，所以感到辩护难而不敢辩护了。

### （二）2019 年两高三部《关于适用认罪认罚从宽制度的指导意见》的有关规定

第一，体现在该指导意见第 6 条关于“认罪”的把握上。认罪认罚从宽制度中的“认罪”，是指犯罪嫌疑人、被告人自愿如实供述自己的罪行，对指控的犯罪事实没有异议。承认指控的主要犯罪事实，仅对个别事实情节提出异议，或者虽然对行为性质提出辩解但表示接受司法机关认定意见的，不影响“认罪”的认定。这个规定总体是对辩护人有利的，但法检的反应是基本不认可。

第二，体现在该指导意见第 7 条关于“认罚”的把握上。认罪认罚从宽制度中的“认罚”，是指犯罪嫌疑人、被告人真诚悔罪，愿意接受处罚。“认罚”，在侦查阶段表现为表示愿意接受处罚；在审查起诉阶段表现为接受人民检察院拟作出的起诉或不起诉决定，认可人民检察院的量刑建议，签署认罪认罚具结书；在审判阶段表现为当庭确认自愿签署具结书，愿意接受刑罚处罚。这条直接将审判阶段的辩护限定在“当庭确认自愿签署具结书”上了，基本就没有了其他的辩护空间。

（三）《人民检察院刑事诉讼规则》的有关内容

主要体现在该规则第 269 条的规定：“犯罪嫌疑人认罪认罚的，人民检察院应当告知其享有的诉讼权利和认罪认罚的法律规定，听取犯罪嫌疑人、辩护人或者值班律师、被害人及其诉讼代理人对下列事项的意见，并记录在案：（一）涉嫌的犯罪事实、罪名及适用的法律规定；（二）从轻、减轻或者免除处罚等从宽处罚的建议；（三）认罪认罚后案件审理适用的程序；（四）其他需要听取意见的事项。”这个规定里最大的问题就是值班律师的问题。司法实践中公诉人最愿意用的就是值班律师见证。但值班律师只是个值班的律师，哪有精力履行一个完整的辩护，更不要说对案情的把握。所以，往往是值班律师见证签署具结书后，再由社会律师来辩护的情形下，辩护律师的辩护作用就很难发挥了。

（四）《刑事诉讼法》司法解释有关内容

主要体现在第 278 条第 1 款：“对被告人认罪的案件，在确认被告人了解起诉书指控的犯罪事实和罪名，自愿认罪且知悉认罪的法律后果后，法庭调查可以主要围绕量刑和其他有争议的问题进行。”第 352 条：“对认罪认罚案件，人民检察院起诉指控的事实清楚，但指控的罪名与审理认定的罪名不一致的，人民法院应当听取人民检察院、被告人及其辩护人对审理认定罪名的意见，依法作出判决。”第 353 条第 1 款：“对认罪认罚案件，人民法院经审理认为量刑建议明显不当，或者被告人、辩护人对量刑建议提出异议的，人民检察院可以调整量刑建议。人民检察院不调整或者调整后仍然明显不当的，人民法院应当依法作出判决。”

这三条中有一个明确的问题，就是审判权的主导问题。在认罪认罚案件移送起诉后，法庭调查就“主要围绕量刑和其他有争议的问题”进行了，事实问题基本不展开调查。在罪名不一致、量刑建议不当的情况下，法院要听取检察院的意见，检察院不同意的，一般就不调整，事实上影响了审判权的主导地位。这与以审判为中心的指导思想是有矛盾的。

## 二、认罪认罚从宽制度对律师辩护工作的有利影响

认罪认罚从宽制度是在吸收世界各国有益司法基础上改良而来的，既有英美法系国家辩诉交易的交易性，也有大陆法系国家量刑协商的协商性，还在实际效果上体现出一定的“放弃审判制度”的遐想。这些特点，使得我国的认罪认罚从宽制度虽然从一开始试点以来就受到辩护律师的不适应批判，但也确实存在许多进步和有利的方面。

### （一）辩护理念的新发展

作为刑罚附随产物的辩护制度，从发生以来就始终以犯罪

人的刑罚利益为全部考虑，体现在辩护规则上就是越来越完善的严格证据证明要求和罪刑法定主义。至近现代社会犯罪门槛不断降低，新型犯罪不断增加，传统刑事诉讼规则因其繁琐性和过于理性，已经难以承载越来越繁重的社会治理的需要，在一定范围内放低证据标准和严格的证明规则，并寻求辩护人与公诉机关的支持配合，以求快速处理犯罪问题的要求下，辩诉交易或量刑协商规则走上了历史的舞台。在这样的一个全球背景下，中国根据自身特色创设了认罪认罚从宽制度，顺应了当前社会治理的现实需求。所以，从这个角度来讲，无论认罪认罚从宽制度对辩护工作产生多大的不适应，其对辩护规则的改变都是一种新发展，顺应了历史规律。这种发展的认识主要体现在：一是对认罪认罚从宽制度在中国本土出现的必然性的理解。这是刑事制度发展的必然要求。二是这一制度体现在辩护规则上的变化也是辩护制度发展的必然要求。要改变以往与公诉机关基本处于对抗状态的辩护观念，转为与公诉机关进行配合，共同完成刑罚的社会治理机制的功能。三是辩护工作的视角要更广更全面，要真正做到不仅仅服务于犯罪人，还服务于社会多样性需要的功能。

### （二）辩护效率的提高

认罪认罚从宽制度的法哲学根据主要在于有限司法资源背景下的司法效率优先原则。以犯罪嫌疑人自我认罪认罚来排除繁琐刻板的证据证明程序，提高司法效率的同时，必然要降低一部分司法公正性。因此，在公诉、审判机关因认罪认罚从宽程序而获得效率提高和工作量减轻的同时，辩护人也同样获得了辩护效率提高和工作量减轻的利益。很多辩护工作基本做法是在询问当事人相关案情，确认确实存在当事人犯罪事实后，直接同意当事人认罪认罚，签署具结书，此后辩护工作就只剩下走程序而已。与之前的辩护工作相比，一是减少了对犯罪事实的辩护工作；二是减少了具结书中无争议的量刑事实的辩护工作（之前这部分在开庭前公诉人一般是不会明确告知的）；三是减轻了与当事人探讨研究辩护方案的工作量。

（三）辩护地位的提高

就之前的辩护人地位而言，想要与公诉人面对面地坐下来商量犯罪嫌疑人的犯罪事实和量刑问题，是几乎没有可能的。公诉人往往都是一句话："开庭再说。"双方都把各自观点保密到开庭前。但在认罪认罚从宽制度的要求下，公诉人必须取得辩护人的配合。因此，辩护人获得了与公诉人"讨价还价"的机会，自然提高了自身的诉讼地位。一是协商性提高了辩护人与公诉人之间的平衡性。认罪认罚虽然不像辩诉交易那样具有明显的交易性，但在对犯罪事实和量刑建议的协商过程中，律师的地位提高到与公诉人协商对象的层次上，从之前的主要是对抗双方变成了改革之后的协商配合双方。这是改革之前的诉辩架构难以达到的。二是协商性提高了辩护人在当事人及其家属心中的地位。最大的优势就是在与公诉人进行量刑协商过程中，对量刑建议的结果充分体现了辩护律师的作用，取得了当事人和家属的更大信任。三是与办案机关的妥协提高了辩护律师在全社会的正面影响。律师的社会影响一直是饱受争议的，"为了赚钱丢掉正义，没有良知为恶人狡辩，甚至捏造事实歪曲证据"。在认罪认罚从宽程序中，律师首要的工作是劝说当事人认罪认罚，这就首先摆脱了以往"和犯罪人一个鼻孔出气""与人民作对"负面形象，转到和人民一起处罚教育犯罪分子的"正确轨道"上来了。律师作为同人民检察院、人民法院一道处罚犯罪、教育犯罪的形象出现在认罪认罚案件中，虽然在定罪量刑问题上仍然有时很难完全站到一起，但相比之前一味对抗式的辩护人角色，社会地位确实有了很大的提高。

## 三、认罪认罚从宽制度对辩护律师工作的负面影响

主要体现在辩护律师在认罪认罚从宽程序中的许多不适应和受到更多辩护限制上。

### （一）值班律师带来的强烈压迫感

《刑事诉讼法》设立认罪认罚从宽制度的同时，增设了一种新的律师制度，叫值班律师。值班律师固定在看守所、检察院、法院值班，随时为认罪认罚案件的当事人提供法律咨询，帮助定罪量刑协商，并可以在犯罪嫌疑人签署具结书时作为见证律师。这样社会律师在值班律师履行其值班业务的范围内，就失去了这部分的辩护业务案源（所以很多做刑案的律师突然发现案子少了不少）。这个负面影响确实存在，但这只是律师业务市场的问题，还不是律师业务本身。律师业务本身的问题在于值班律师见证当事人签署认罪认罚具结书后，案件再由社会律师代理时的衔接问题。此时辩护律师面对的是已经签署了认罪认罚具结书的当事人。如果此时继续支持当事人认罪认罚，那么辩护工作就显不出多大作用；如果不支持当事人认罪认罚，就有可能招致至公诉机关收回协商好的定罪量刑建议，转而加重处罚。所以，在前期有值班律师参与的刑事案件当中，辩护律师压力是比较大的。

### （二）签署具结书后出现的辩护困境

认罪认罚从宽程序设定的一个关键环节，就是见证当事人签署认罪认罚具结书，以固定当事人是在完全真实自由意愿的

情况下同意认罪认罚的，并以辩护人的背书进行见证。这个环节的核心问题是辩护人对全案证据材料的把握是否充分，对全案法律关系的认识是否充分，对量刑建议的协商是否充分。所以，在见证当事人签署具结书的那一刻，就应当是辩护人全面辩护的时刻。但现实往往达不到这个要求。主要是辩护人还来不及全面细致地阅读研究案卷，就被叫来进行见证。这时见证往往成了形式，还没有真正把全案吃透。而在见证当事人签署具结书后，再发现案件存在事实或法律或量刑问题时，对这些后来发现的问题，辩护人的处境就很尴尬：讲吧，说明你在劝当事人认罪认罚的时候根本就没有把案情搞清楚，当事人有意见；不讲吧，这些问题有些是隐瞒不住，或对不起律师职业道德的；更重要的是，这时候办案机关说，你要讲就取消当事人的从宽待遇，并且还要认定态度不好从重处理。这是目前认罪认罚案件辩护人常遇到的窘境。

（三）失去法庭表演的机会

由于案件包括量刑结果都在见证签署具结书时就已经确定，或确定在一个量刑幅度内了，辩护律师的辩护工作基本上就是跟着程序走过场，特别是在法庭审理阶段，辩护律师只能主要就认罪认罚从宽程序是否合法配合法官进行调查，原来辩护人最主要的法庭表演机会几乎不存在了。这对辩护人来讲，会感到失落。好像自己的辩护工作没有做什么事一样，收那么多律师费就多少显得不对应。所以，辩护人在庭审中总想多讲几句，但法官总是不给机会。

## 四、辩护律师如何在认罪认罚从宽制度下扬长避短开展工作

在全面分析认罪认罚从宽制度下辩护规则的变化和对辩护

工作的利弊影响之后，如何扬长避短地开展辩护工作的思路就简单明了了。

（一）要从理论上理解，实现制度认同

简单地说，就是要正确理解认罪认罚从宽制度的刑法根据，认识到认罪认罚制度是世界刑事诉讼程序发展的大潮流，是中国社会现代化治理结构的客观需求。要正确理解认罪认罚从宽制度的司法需要，是刑事治理手段对社会新情况新问题治理的新发展。在制度上认同后，以积极的心态去迎接认罪认罚带来的变化，并及时调整辩护内容，适应辩护需要。

（二）从业务上下功夫，实现能力跟上

核心是要真正认识到，认罪认罚从宽制度实施后，辩护工作要一上来就发力，抛弃以往把力气留到开庭时才用的传统方法。要全面掌握“审判前移”的辩护要点，在有限的辩护空间内展开精细化工作，在见证犯罪人签署认罪认罚具结书时，能做到胸有成竹。

（三）在协商上找突破，实现利益最大化

认罪认罚最大的特点是给予辩护律师与公诉人、与法官协商量刑的机会（虽然主流的认罪认罚理论仍不接纳存在协商量刑的观点）。所以，要改变传统辩护中不破不立的单一进攻型的辩论手段，转而强化开展协商的辩护技巧。协商本质上是利益的博弈，运用的不完全是非此即彼的观点方法，同时也需要一定的模糊证据规则和利益上的权衡收放。因此，辩护律师在协商上找突破，清醒地知道案件中的利弊抓手，将是实现辩护利益最大化的重要技术。这些技术可能更多地是修炼于法律之外了。

（四）在与当事人沟通上多用心，实现案结事了

作为一项新的司法制度，肯定要有一个适应过程。辩护律

师在劝导犯罪人认罪认罚的同时，还要做好各方面的解释说服工作，包括当事人亲属及社会舆情的负面影响。不能出现一方面积极劝导当事人认罪认罚，一方面又四处说办案机关不尊重证据和法律适用，拿认罪认罚待遇来强迫当事人签字的不正常现象。要配合办案机关，真正实现案结事了。

# 后　记

自上次《量刑情节研究》一书出版以来，正好十个年头。说时间好快那种老话已经没有意义，但这十年确实发生了很多事情。2013年离开军事法院到编研部当主任，带领一群年轻有为的干部编写军区历史，把全区50年来的档案几乎全部看了一遍，一下子感觉又成熟了好多。其间又到军史馆参加改建工程，将那些可能要被处理的领导图片替换下来，不得不感慨历史的无情和前进。历史事件，放在现在来看，原来都是那样清晰和明了，没有什么神秘。人类创造历史，历史又引导人类前行。2016年战区法院成立，其间也想回去工作，但最终还是决定转业。脱下上校军服，2017年开始律师生涯。

5年来，接触了近千件案件，其中大案要案很多，深感律师的重要性，甚至直接影响到案件的胜负和当事人的死活。基础是业务要精。民事案件要能看透法律关系，刑事案件要能看穿证据真假，行政案件要能看懂政策变化。最近在给全军善后办同志讲课，讲的就是如何将地方法院不受理的法律关系转变为能够受理的法律关系，一下子就点亮了办案路径。一著名导演因醉酒被控强奸（未遂）某演员，大家都受圈内所谓的潜规则影响，感觉未遂都是不够的。我们天天盯着现场勘察照片和被害人陈述的内容对比，发现她讲的好些动作与现场留存的客观状况是矛盾的，这给案子找到了突破口。某民生工程确实没有规划和审批手续，但决定先上马后报批是县政府解决该民生工作决定的，法院怎么判决都不妥，还是要回到当时的政策上去解决。这些办案经历不断给我一个启示，律师一定要有变通思维。一条路走不通时，一定要想想其他人没想过的其他路径。一个问题顺着来解决不了时，还要反过来想想。特别重要的是，在案件本身找不到办法时，要跳出案件来看看，所谓局中迷、旁观清。也许是我多学科的学术背景和多部门的工作经验给予的，这些年办理的案件总能有很好的效果，不断给了我对律师工作的热爱和自信，自感是超越了出发时的目标。

当然，这一路走来，我要特别感谢我的博士导师狄小华教授。他一直关心着我的成长进步，始终推动着我向前发展。在我主持江苏瑞格律师事务所工作后，狄老师就与我所共同发起成立了南京大学犯罪防控所刑辩研究中心，引导我一边从事律师工作，一边开始辩护研究，开创了律所与一流大学合作研究的先例。一边办案、一边研究，是一件很幸福的事情。办案中会有很多感慨，可以通过研究来进一步深化认识。研究中也会有很多收获，可以在办案中体会运用。可能我是在律师界中独有的一个幸运儿，也就是在这种环境下，将一点一滴的体会写出来，最后形成了这本书。当然，最后决定出版还是狄老师亲自帮助整理，组织博士学生一起讨论后定的稿。

说律师的道与术，有点商业化，或者说是体现了律师职业的功利性。道，是规律，是道义，也是正义感。术，是方法，是辩术，也是权变。律师要为客户服务，无论客户是什么样的人，甚至罪大恶极，也要想方设法为其谋合法之利。这就是律师的底线，律师职业的道德底线。但不同水平的律师，确实对案件的处理结果起到了不同的作用。同一个法律问题，理解的深度不同，拿出的解决方案是不一样的。道强术就强，道浅术亦弱。道是律师水平的纵向坐标，术是他的横向坐标。做一个高水平的律师，应当是道术同强，纵横均至的立体型法律专家。

最后，还要感谢全所的同仁，大家齐心协力向前发展。在我刚做律师的时候，徐丽华同学的帮助是最多的，我很感谢她。今年女儿去英国前，也通过了法考客观题，可能是受我职业的影响，她说要在学音乐之余，做做法律工作。希望她还是专心研究她的音乐，艺术的美感是法律达不到的，法律的无情也是音乐难以表达的。这几年老婆越来越贤惠了，可能是看我做律师太苦太累，就主动多担当一些了。感谢所有人的支持，我会一直努力做下去！

2022 年 10 月 24 日于南京